INTERNATIONAL COUNCIL ON MONUMENTS AND SITES
CONSEIL INTERNATIONAL DES MONUMENTS ET DES SITES
CONSEJO INTERNACIONAL DE MONUMENTOS Y SITIOS
МЕЖДУНАРОДНЫЙ СОВЕТ ПО ВОПРОСАМ ПАМЯТНИКОВ И ДОСТОПРИМЕЧАТЕЛЬНЫХ МЕСТ

WELTKULTURDENKMÄLER IN DEUTSCHLAND

Deutsche Denkmäler in der Liste des Kultur- und Naturerbes der Welt, eine Ausstellung des Deutschen Nationalkomitees von ICOMOS und der Deutschen UNESCO-Kommission in Zusammenarbeit mit der Dresdener Bank

D1666324

ICOMOS · CAHIERS DU COMITÉ NATIONAL ALLEMAND III
ICOMOS · JOURNALS OF THE GERMAN NATIONAL COMMITTEE III
ICOMOS · HEFTE DES DEUTSCHEN NATIONALKOMITEES III

ICOMOS, Hefte des Deutschen Nationalkomitees
herausgegeben vom Nationalkomitee der Bundesrepublik Deutschland
Präsident Prof. Dr. Michael Petzet
Vizepräsident Dr. Kai R. Mathieu
Generalsekretär Dr. Werner von Trützschler
Geschäftsstelle: Bayerisches Landesamt für Denkmalpflege, Hofgraben 4, 8000 München 22

Das Deutsche Nationalkomitee von ICOMOS
dankt der Dresdner Bank, die die Drucklegung entscheidend gefördert
und die Ausstellung realisiert hat,
außerdem für finanzielle Unterstützung des vorliegenden Heftes
der Deutschen UNESCO-Kommission,
der Evangelisch-Lutherischen Landeskirche Hannover, der Stadt Aachen,
der Stadt Speyer und der Hansestadt Lübeck.

Titelseite: Dom zu Aachen, Thron Karls des Großen im Westjoch des Emporengeschosses.
Umschlagrückseite: Dom zu Speyer, Ansicht von Osten mit Heidentürmchen.

© ICOMOS, Nationalkomitee der Bundesrepublik Deutschland
Redaktion: Hans Caspary, Christoph Machat, Michael Petzet
Gesamtherstellung: Lipp GmbH, Graphische Betriebe, Meglingerstraße 60, 8000 München 71
Vertrieb: Karl M. Lipp Verlag, Meglingerstraße 60, 8000 München 71
ISBN 3-87490-311-7

Inhalt

Vorschläge zur Aufnahme in die Liste des Kultur- und Naturerbes der Welt:

Anhang:

Vorwort

Die vom Deutschen Nationalkomitee von ICOMOS in Zusammenarbeit mit der Deutschen UNESCO-Kommission ursprünglich als eine reine Photodokumentation geplante Darstellung der deutschen Denkmäler aus der Liste des Kultur- und Naturerbes der Welt hat sich dank der Hilfe der Dresdner Bank in eine Wanderausstellung mit vielen Exponaten verwandelt, die in den kommenden Monaten in Kassel, Lübeck und einer Reihe weiterer Städte gezeigt werden kann. Die Initiative zur Ausstellung geht auf den Kulturausschuß der Deutschen UNESCO-Kommission zurück. Für die Umsetzung der Idee ist vor allem den Herren Dr. Hans Caspary, Delegierter der Bundesrepublik beim Welterbekomitee der UNESCO, und Dr. Christoph Machat, beide Mitglieder des Deutschen Nationalkomitees von ICOMOS, zu danken. Zu danken ist auch allen Leihgebern und den für die deutschen Weltkulturdenkmäler zuständigen Stellen, die Bildmaterial und Exponate bereitgestellt haben, vor allem aber Herrn Direktor Walter Haag von der Dresdner Bank sowie Herrn Schneider von der Firma «Schauwerbung», die beide mit großem Engagement die Realisierung der Ausstellung übernommen haben.

Der hier vorgelegte dritte Band der «Hefte des Deutschen Nationalkomitees» stellt die neun bisher in die «Liste des Welterbes» aufgenommenen deutschen Denkmäler samt den die Aufnahme begründenden Texten von ICOMOS und kurzen Beiträgen über neuere Restaurierungsmaßnahmen vor. Acht Denkmäler gehen auf Anträge der Bundesrepublik zurück, das neunte, die Schlösser und Gärten von Potsdam, Glienicke und der Pfaueninsel, auf einen Vorschlag der früheren DDR, dem sich die Bundesrepublik mit einem Zusatzantrag anschloß, als abzusehen war, daß die Grenze fallen würde. Die Havel, die Potsdam und Glienicke trennte, verbindet sie nun wieder miteinander. Aus dem ersten Weltkulturdenkmal im Bereich der früheren DDR ist damit ein Zeichen der Wiedervereinigung geworden. Weitere Denkmäler werden, wie wir hoffen, in den nächsten Jahren folgen. Sechs Anträge, zwei von diesseits und vier von jenseits der ehemaligen Grenze, liegen der UNESCO bereits vor. Von ihnen präsentiert die Ausstellung mit Lorsch und Maulbronn zwei, dazu mit Meißen eines der Denkmäler, über deren Nominierung noch entschieden werden muß.

Das am Schluß des Heftes veröffentlichte Gesamtverzeichnis des bis 1990 in die Liste aufgenommenen Kultur- und Naturerbes der Welt kann darüber hinaus manche neuen Perspektiven eröffnen, vor allem angesichts der drängenden umweltpolitischen Fragen, denen sich eine verantwortungsbewußte Kulturpolitik heute nicht mehr entziehen kann. Ohne hier auf die vielfältigen Zusammenhänge von Denkmalschutz und Umweltschutz im einzelnen einzugehen, mag allein der Hinweis auf die allgemeine Luftverschmutzung und ihre in aller Welt sichtbaren verheerenden Auswirkungen auf Denkmäler aus Stein, Glas oder Metall genügen. Denkmalschutz als Teilbereich eines allgemeinen Umweltschutzes, der nicht nur den natürlichen Lebensraum, sondern auch den vom Menschen im Lauf seiner Geschichte gestalteten Lebensraum – und damit insbesondere auch die Denkmäler als Zeugnisse menschlicher Geschichte – schützen will, verlangt heute mehr als die konsequente Anwendung denkmalpflegerischer Methoden und verbesserter Technologien. Gefordert sind hier ebenso die individuelle Verantwortung des Einzelnen wie neue wissenschaftliche, technische, wirtschaftliche und politische Initiativen der Gesellschaft gegen eine weltweit fortschreitende Umweltzerstörung gigantischen Ausmaßes – ob wir an die Vernichtung ungeheurer Flächen des tropischen Regenwaldes denken oder an die Akropolis im Smog von Athen und viele der bedeutendsten Kulturdenkmäler der Menschheit, die zum Teil in wenigen Jahrzehnten vor unseren Augen schneller zugrundegehen als in Jahrhunderten und Jahrtausenden zuvor.

In diesem Zusammenhang aber bietet vielleicht gerade die bereits von mehr als 112 Staaten unterzeichnete Konvention zum Schutz des Welterbes einen in der Öffentlichkeit bisher zuwenig beachteten Ansatz zu einem effektiveren Umweltschutz und Denkmalschutz: Die UNESCO-Liste bezieht sich ja nicht nur auf das Kulturerbe, sondern genauso auf das Naturerbe der Welt und soll deshalb nicht nur an die Rettung einzelner Denkmäler von Weltrang erinnern, sondern auch insgesamt an die verzweifelte Situation der natürlichen Umwelt: zum Beispiel die von der Vernichtung bedrohten brasilianischen Urwälder, die natürlich nicht in der UNESCO-Liste auftauchen, während sich kürzlich das erst 1960 gegründete Brasilia den begehrten Titel «Kulturerbe der Menschheit» sichern konnte. Vor dem Hintergrund der Milliardenschulden vieler Länder der sogenannten Dritten Welt böten sich vielleicht sogar Chancen, statt ungewisser Rückzahlungen von Schuldnerländern gewisse «Opfer» zur Rettung des – für die Welt im Grund gänzlich unbezahlbaren – Kultur- und Naturerbes zu fordern.

In diesem Sinn können vielleicht auch dieses Heft und die Ausstellung einen kleinen Beitrag dazu leisten, daß die Bundesrepublik Deutschland nicht nur ihre eigenen Weltkulturdenkmäler als eine Ehre und selbstverständliche Verpflichtung betrachtet, sondern darüber hinaus neue Initiativen zur Rettung des Kultur- und Naturerbes der Welt entwickelt.

Prof. Dr. Michael Petzet
Präsident des Deutschen
Nationalkomitees von ICOMOS

Prof. Dipl.-Ing. Peter Canisius
Präsident der Deutschen
UNESCO-Kommission

Die UNESCO-Konvention zum Schutz des Kultur- und Naturerbes der Welt

Ziele der Konvention und Arbeitsweise des Komitees für das Welterbe

Die Konvention zum Schutz des Kultur- und Naturerbes der Welt, 1972 von der UNESCO aus der Taufe gehoben, 1976 in Kraft getreten und heute (1989) von 112 Staaten mitgetragen, verfolgt vor allem drei Ziele: erstens die Aufstellung der «Liste des Kultur- und Naturerbes der Welt», zweitens das Sammeln von Informationen über den Zustand der Denkmäler des Welterbes mit dem Ziel, drohende Gefahren von ihnen abzuwenden, und drittens die Einwerbung und Verteilung von Geldern für Maßnahmen zu Erhaltung und Pflege dieser Denkmäler. In die Liste des Welterbes aufgenommen werden sollen alle jene Kultur- und Naturgüter, die nach übereinstimmender Auffassung der Experten eine so außergewöhnliche und weltweite Bedeutung besitzen, daß es gerechtfertigt erscheint, der UNESCO und den Staaten, die Mitglied der Konvention sind, eine Mitverantwortung für ihren Schutz und ihre Erhaltung zu übertragen.

Um dieser Verantwortung zu genügen, treffen sich einmal jährlich Vertreter aller Mitgliedsländer der Konvention – 21 als Mitglieder, die anderen als Beobachter – im Komitee für das Welterbe zu einer vom Generalsekretariat der UNESCO organisierten und vorbereiteten Sitzung. Sie lassen sich von den Mitgliedern der UNESCO und von den Experten der diese beratenden internationalen Fachorganisationen – unter ihnen ICOMOS und IUCN (die Internationale Union für die Erhaltung der Natur und der natürlichen Ressourcen) – über die diesen vorliegenden Berichte über den Erhaltungszustand der Denkmäler informieren. Geht aus den Berichten hervor, daß Gefahr für ein Denkmal besteht, so wird beraten, welche Maßnahmen zu treffen sind, um dieser Gefahr zu begegnen. Besteht sie darin, daß der Bestand eines Denkmals infolge einer Naturkatastrophe oder durch natürlichen Verfall bedroht ist, so kann die Entsendung eines Experten oder, wenn ein Restaurierungskonzept schon vorliegt, ein Zuschuß aus dem von den jährlichen Mitgliedsbeiträgen der Länder gespeisten Fonds angeboten werden. Geht die Gefahr aber von Planungen oder von einer Entwicklung aus, die zum Konflikt mit der denkmalpflegerischen Zielsetzung führen und das Denkmal in seiner Integrität beeinträchtigen würde, so bittet das Komitee die UNESCO oder ICOMOS, mit der verantwortlichen Regierung darüber zu verhandeln, wie durch Umplanung oder geeignete Gegenmaßnahmen diese Beeinträchtigung verhindert werden kann.

Die Gefahren, denen Denkmäler des Welterbes ausgesetzt sind, können sehr verschiedener Art sein. In Städten und Dörfern der Dritten Welt, die durch traditionelle Bauweise geprägt sind, bestehen sie häufig darin, daß infolge einer sich ändernden Lebensweise die alten Gebäude aufgegeben und die neuen nach westlichen Vorbildern errichtet werden. Die Architektur der Kolonialzeit in Lateinamerika ist bedroht durch das tropische Klima, durch Erdbeben und vor allem durch den Wandel der Sozialstruktur, der die historischen Zentren der Städte zu Elendsquartieren hat absinken lassen. Städte in Afrika, die früher blühende Handelszentren waren, fallen der sich ausbreitenden Wüste zum Opfer und werden buchstäblich vom Sand zugeschüttet. Noch vielfältiger sind die Gefahren, die dem Naturerbe drohen: Zerstörung der Wälder, Austrocknung von Feuchtgebieten, Ausrottung der Wildbestände sind nur einige Stichworte dafür.

Die Liste des Kultur- und Naturerbes der Welt

Soll ein Kultur- oder Naturdenkmal in die Liste des Erbes der Welt aufgenommen werden, so muß die Initiative dazu von dem Staat, in dessen Hoheitsgebiet es liegt, ausgehen. Damit soll sichergestellt werden, daß die Staaten zu ihrer, mit dem Beitritt zur Konvention eingegangenen Verpflichtung stehen, alles in ihren Kräften Stehende zu tun, um die Denkmäler des Welterbes zu schützen, zu erhalten und zu pflegen. Ginge die Initiative zur Eintragung in die Liste von der UNESCO oder einer der sie beratenden Organisationen (etwa ICOMOS) aus, so hätte dies zweifellos den Vorteil, daß chancenlose Anträge vermieden und in kurzer Zeit eine fachlich überzeugende Liste des Welterbes aufgestellt werden könnte. Das Ziel, die Staaten zur freiwilligen Anerkennung ihrer Verantwortung für die Denkmäler zu bewegen und zu entsprechenden Leistungen anzuspornen, bevor sie die Hilfe der UNESCO und der Partnerstaaten der Konvention in Anspruch nehmen, wäre damit aber nicht erreicht; die Liste des Welterbes bliebe eine unverbindliche «Hitliste» ohne Konsequenzen für die in sie aufgenommenen Denkmäler.

Für die Aufnahme eines Denkmals in die Liste sind zwei Prüfungsverfahren vorgesehen, eines auf nationaler und eines auf internationaler Ebene. Das Verfahren auf nationaler Ebene wird von Land zu Land unterschiedlich gehandhabt; in der Bundesrepublik sind die Ausschüsse der Kultusministerkonferenz dafür verantwortlich, die sich dabei des Fachverstands der Denkmalämter bedienen. Sein Ergebnis ist die Vorschlagsliste (auf Englisch besser «tentative list» genannt). In ihr sollen alle Denkmäler enthalten sein, von denen die Verantwortlichen meinen, daß sie den Kriterien der Konvention genügen und die daher der UNESCO gegenüber zur Aufnahme in die Liste des Welterbes vorgeschlagen werden können. Ein Denkmal, das nicht in dieser Liste steht, kann auch nicht vorgeschlagen werden. Umgekehrt kann sehr wohl darauf verzichtet werden, ein Denkmal vorzuschlagen, wenn nachträglich Zweifel daran auftauchen, daß es die geforderte «außergewöhnliche weltweite kulturelle Bedeutung» besitzt. Dies wird vor allem dann der Fall sein, wenn das in Frage stehende Denkmal mit einem höherrangigen auf der Liste eines benachbarten Landes konkurriert. Die zur Durchführung der Konvention erlassenen Richtlinien schreiben nämlich vor, daß von Denkmälern, die demselben Typ (etwa «Gotische Kathedralen») angehören, nach Möglichkeit nur die repräsentativsten Beispiele in die Liste des Welterbes aufgenommen werden sollen, und zwar unabhängig davon, in welchem Land sie sich befinden. Ländern, die demselben Kulturkreis angehören, wird daher geraten, ihre Listen miteinander zu vergleichen, bevor sie eine Nominierung abgeben.

Wächst die Liste des Welterbes zu schnell?

In den ersten Jahren, in denen die Konvention in Kraft war, mag es einfacher gewesen sein, mit einer Nominierung Erfolg zu haben. Inzwischen ist aber die Liste des Welterbes auf 322 Positionen angewachsen. Sowohl für die UNESCO wie auch vor allem für ICOMOS und für IUCN (die internationale Fachorganisation für das Naturerbe) wird es immer schwieriger, den Überblick nicht zu verlieren, zuverlässige Informationen über den manchmal, zumal beim Naturerbe, sich sehr rasch ändernden Erhaltungszustand der Denkmäler zu gewinnen und bei Gefahr im Verzug rechtzeitig zur Stelle zu sein. Auch das Volumen der für Erhaltungsmaßnahmen zur Verfügung stehenden Mittel wächst mit dem Beitritt neuer Länder nur geringfügig, mit dem jährlichen Anwachsen der Liste des Welterbes gar nicht.

Es kann daher weder im Interesse der UNESCO noch in dem der Mitgliedsländer der Konvention liegen, die Liste ins Grenzenlose anwachsen zu lassen. Man würde sonst einen Zustand heraufbeschwören, in dem das Mißverhältnis zwischen den an die UNESCO gestellten Erwartungen und ihren Möglichkeiten zu helfen so groß würde, daß Länder, die auf diese Hilfe angewiesen sind, sich enttäuscht abwenden und auch ihre eigenen Initiativen, die sie in der Hoffnung auf Beistand unternommen haben, einstellen.

Eine andere Überlegung mehr grundsätzlicher Art führt zum selben Ergebnis. Würden die Gutachter einen weniger strengen Maßstab anlegen und Pressionen nachgeben, denen sie bisweilen ebenso wie die Mitglieder des Komitees ausgesetzt sind, würde also die Liste unkontrolliert weiterwachsen, so müßte dies zu einer Inflation an «Denkmälern des Welterbes» und zu einer Entwertung dieses Begriffs führen. Das Etikett «Welterbe» wäre nichts mehr wert, und man könnte auch keine besonderen Anstrengungen mehr für die Denkmäler, die es tragen, verlangen.

Die Vorschlagsliste der Bundesrepublik

Die bundesdeutsche Vorschlagsliste, vor fünf Jahren aufgestellt und vor einem Jahr um zwei Denkmäler der Technikgeschichte bzw. des Bergbaues erweitert, umfaßt 54 Nummern. Sie ist damit sicher entschieden zu lang, zumal es sich dabei nur um Kulturdenkmäler handelt (eine Vorschlagsliste der Naturdenkmäler ist trotz vieler Bemühungen noch nicht zustandegekommen). Gewiß werden sich unsere bisher anerkannten neun Denkmäler, die Gegenstand dieser Ausstellung sind, in den nächsten Jahren noch um einige vermehren; neue Anträge sind abgegeben worden, weitere in Vorbereitung. Aber man wird sich Nominierungen künftig noch besser überlegen müssen, als dies bisher schon geschehen ist, und dabei den Denkmälern den Vorzug geben, die die Chance haben, auch bei strenger Handhabung der Kriterien zu bestehen.

Vor allem wird man überlegen müssen, wie der neuen Situation Rechnung getragen werden soll, die durch die Wiedervereinigung entstanden ist. In Thüringen und in Sachsen, in Brandenburg, Sachsen-Anhalt und Mecklenburg-Vorpommern liegen Städte, Baudenkmäler und Parkanlagen, die zu den bedeutendsten der deutschen und der europäischen Kunstgeschichte gehören: Potsdam mit seinen Schlössern, Weimar, Dresden, die Wartburg, das Bauhaus in Dessau und die Parklandschaft von Wörlitz. Erst im Dezember 1988 ist die damalige DDR der Konvention beigetreten. Schon ein Jahr später hat sie fünf Anträge vorgelegt, von denen bisher nur über einen (Potsdam) entschieden worden ist. Ihre gleichzeitig von Mitgliedern des Instituts für Denkmalpflege ausgearbeitete Vorschlagsliste umfaßt 35 Nummern, ist also, wie die schon erwähnte der Bundesrepublik

aus dem Jahr 1985, viel zu lang. Es wird Aufgabe der Kultusministerkonferenz sein, zu prüfen und zu entscheiden, wieviele dieser Denkmäler und welche in die gesamtdeutsche Liste aufgenommen werden sollen, die nun zusammengestellt werden muß. Dabei wird man die Kriterien der Konvention beachten, aber auch bedenken, daß die Aufnahme in die Liste eine Entscheidung für denkmalpflegerische Prioritäten bedeutet, da die Konvention für Güter des Welterbes die Verpflichtung zum Einsatz aller Kräfte verlangt. Man wird daher unter den infrage kommenden hochrangigen Denkmälern vor allem die auswählen, für deren Erhaltung in den kommenden Jahren besondere Anstrengungen notwendig sein werden.

Die deutschen Denkmäler auf der Liste des Welterbes

Die acht deutschen Denkmäler des Welterbes sind sicher nicht mitschuldig am schnellen Wachstum der Liste. Eher kann man sagen, daß die Bundesrepublik, etwa verglichen mit Frankreich und seinen 19 Welterbedenkmälern, einen gewissen Nachholbedarf hat. Dies liegt wiederum nicht an der UNESCO, sondern an uns selbst. Die Initiative zu einer Nominierung muß, der Kulturhoheit der Bundesländer entsprechend, von diesen ausgehen; sie können allenfalls daran erinnert werden, daß hier eine Verpflichtung vorliegt, welche die Bundesregierung mit der Unterzeichnung der Konvention eingegangen ist, die sie aber nicht ohne die Länder erfüllen kann. Einige Länder haben nun diese Initiative frühzeitig ergriffen, andere erst in der letzten Zeit und dafür mit besonderem Nachdruck. Die von ihnen in Gang gebrachten Verfahren sind noch nicht abgeschlossen, die betreffenden Denkmäler (Lorsch, Kloster Maulbronn) werden daher in dieser Ausstellung getrennt von den anderen gezeigt.

Zu dreizehn Sitzungen ist das Komitee für das Welterbe bisher zusammengetreten. Nicht bei jeder lag ein deutscher Antrag vor. Zwei Anträge mußten zweimal gestellt werden und hatten erst in der zweiten, geänderten Fassung Erfolg. Das erste deutsche Denkmal auf der Liste des Welterbes war der *Aachener Dom*. Als besterhaltenes Baudenkmal der Karolingerzeit, als Begräbnisstätte und als Krönungsort der deutschen Kaiser, als Zeugnis und Sinnbild der politischen und kulturellen Einheit Europas veranschaulicht er in besonderer Weise das, was die Konvention meint, wenn sie von einem Denkmal «außergewöhnliche weltweite Bedeutung» verlangt. Über den Aachener Dom gab es keine Diskussion.

Diese begannen, als mit dem *Speyerer Dom* ein Denkmal vorgeschlagen wurde, das in seinem Baubestand nicht nur Höhepunkte, sondern auch Katastrophen deutscher und europäischer Geschichte und die mit deren Überwindung verbundenen denkmalpflegerischen Leistungen widerspiegelt. Dem Einwand, daß nur etwa die Hälfte der Architektur noch mittelalterlich sei, konnte mit dem Hinweis begegnet werden, daß es in diesem Fall weniger auf das Maß an historischer Substanz als vielmehr darauf ankomme, wie sich hier im Festhalten des 18. Jahrhunderts an der überlieferten Idee und Größe des Bauwerkes ein exemplarisches Bekenntnis zu historischer Kontinuität dokumentiere. Die dem Einwand zugrundeliegende Tatsache von Zerstörung und formgleichem Wiederaufbau konnte so zum Argument für die Anerkennung werden. Die Diskussion über die Frage, ob die weitgehende Entfernung insbesondere der Ausmalung des 19. Jahrhunderts nicht ein zerstörender Eingriff gewesen sei, hatte 1981, als der Antrag gestellt wurde, in der Bundesrepublik noch nicht begonnen.

Keinen Einwand gab es gegen die Nominierung der *Würzburger Residenz*, obwohl auch sie Zeugnis ebenso vom Glanz wie vom Elend unserer Geschichte ist. Als bedeutendstes Werk der Schloßbaukunst geistlicher Fürsten der Barockzeit und als exemplarisches Beispiel für das Zusammenwirken von Künstlern aus allen tonangebenden Ländern Europas fand sie die ungeteilte Zustimmung der Gutachter und des Komitees. Die mit dem Wiederaufbau nach 1945 vollbrachte Leistung, die vor zwei Jahren mit der Rekonstruktion des Spiegelkabinetts ihren Gipfel und Abschluß fand, wurde mit besonderer Anerkennung hervorgehoben.

Umso umstrittener war dafür *St. Michael in Hildesheim.* Der Grund liegt darin, daß hier beim Wiederaufbau nach 1945 nicht einfach, wie in Würzburg, der Vorkriegszustand wiederhergestellt, sondern der Bau durch die Rekonstruktion teilweise schon im 17. Jahrhundert verlorener Teile vervollständigt und purifizierend seinem frühmittelalterlichen Urzustand wieder angenähert worden war. Dies schien mit der Charta von Venedig, aus der die Forderung nach unbedingter Authentizität in die Konvention übernommen worden war, nicht mehr vereinbar zu sein. Als der Antrag zwei Jahre nach dem negativen ersten Gutachten von ICOMOS in veränderter Form neu vorgelegt wurde, nahm das Komitee ihn an; St. Michael war nunmehr durch den Dom ergänzt worden, und obwohl dessen Wiederaufbau unter dem Gesichtspunkt der Authentizität noch fragwürdiger erscheinen mag, verhalfen nunmehr die berühmten, einzigartigen Bronzetüren und der Osterleuchter Bischof Bernwards in Verbindung mit dem Domschatz und der bemalten romanischen Holzdecke von St. Michael beiden Kirchen zusammen zu einem Platz unter den Denkmälern des Welterbes.

Auch die Altstadt von *Lübeck* wurde erst im zweiten Anlauf anerkannt. Die Einwände richteten sich hier wiederum nicht gegen die historische Bedeutung des Denkmals und auch nicht gegen die Kriegszerstörung des Gründerviertels, sondern gegen dessen willkürliche Veränderung durch Ausweitung der Straßenräume, Zusammenlegung von Parzellen und maßstablose Neubauten beim Wiederaufbau der fünfziger und sechziger Jahre. In die Liste aufgenommen wurde schließlich nicht die ganze Altstadt, sondern nur drei Teilbereiche, die der Zerstörung entgangen waren und nun, pars pro toto, für das Ganze stehen müssen. Sehr geholfen haben bei der Nominierung Lübecks die Ergebnisse der Altstadtgrabungen der letzten Jahre, die ein völlig neues Bild insbesondere der slawischen Vorgeschichte und der Bauweise im ersten Jahrhundert nach der Stadtgründung ergaben und in der internationalen Fachwelt entsprechendes Aufsehen erregten. Paradoxerweise wurden die wichtigsten dieser Funde gerade in den kriegszerstörten (und daher für Flächengrabungen geeigneten) Bereichen gemacht, die bei der Neufassung der Nominierung auf Anraten der Gutachter ausgeklammert worden waren.

Daß die *Wieskirche*, ein Paradebeispiel eines Gesamtkunstwerks des Rokoko, mit Begeisterung und ohne jeden Einwand aufgenommen wurde, konnte nicht verwundern. Ebenso vorprogrammiert war der Erfolg des Antrags, sieben der *Trierer Römerbauten* (einschließlich der Igeler Säule), den Trierer Dom und die benachbarte Liebfrauenkirche als Gruppe zusammengehörender Bauten in die Liste aufzunehmen: Die Anregung hierzu war nämlich vom damaligen Generalsekretär der UNESCO persönlich bei dessen Besuch anläßlich der Zweitausendjahrfeier der Stadt 1986 ausgesprochen worden.

Einer eher beckmesserischen Kritik begegneten schließlich die 1984 in die Liste aufgenommenen *Brühler Schlösser.* Hier

wurde dem Schloßpark angekreidet, daß ihn die Bundesbahn in einem bestimmten Abschnitt durchfährt, und angefragt, ob es nicht möglich sei, die Trasse zu verlegen. Mit dem Hinweis, daß diese Trasse zum Konzept Peter Joseph Lennés bei dessen Neugestaltung des Schloßparks um 1840 gehörte und zumindest damals nicht als Störung sondern als Attraktion empfunden wurde, konnte dieser Einwand rasch ausgeräumt werden.

Kein Glück hatte die Bundesrepublik mit den von ihr der UNESCO präsentierten gotischen Kirchen. Sowohl die Elisabethkirche in Marburg wie das Freiburger Münster wurden abgelehnt, wobei die Entscheidung über das letztere allerdings noch nicht endgültig ist. Beide haben das Pech, zu einer länderübergreifenden Kategorie von Gebäuden zu gehören, von der es so viele hochrangige Vertreter gibt, daß ICOMOS hier einen besonders strengen Maßstab glaubt anlegen zu müssen. Die Folge ist, daß Denkmäler, die auf nationaler Ebene unbestritten zur Spitzengruppe zählen, beim internationalen Vergleich durchfallen, einfach deswegen, weil hier die Konkurrenz zu groß ist. Man wird diese Entscheidung akzeptieren müssen, auch wenn man der Meinung ist, daß etwa auf den Turmhelm des Freiburger Münsters das Kriterium II der Richtlinien («von großem Einfluß auf eine bedeutende Epoche der Kunstgeschichte») durchaus zu Recht angewendet werden könnte, und daß das Maß an Authentizität bei der Elisabethkirche und ihrer Ausstattung vermutlich höher ist als das fast aller vergleichbaren mittelalterlichen Kirchen, die schon in der Liste aufgenommenen eingeschlossen.

Was bringt die Aufnahme in die Liste des Welterbes?

Welchen Sinn hat es für uns, im Welterbekomitee der UNESCO mitzuarbeiten, Nominierungen durchzufechten, die Denkmäler des Welterbes durch Tafeln mit dem Hinweis auf die Konvention zu kennzeichnen und alle paar Jahre einen Bericht über die durchgeführten und die noch geplanten denkmalpflegerischen Maßnahmen nach Paris zu schicken? Lohnt sich dieser Aufwand? Oder werden etwa unsere Dome und Schlösser mißbraucht, um unbekannte Kulturdenkmäler in fernen Kontinenten, die mit ihnen zusammen in einer Liste stehen, aufzuwerten und ihnen für die Restaurierung Mittel zukommen zu lassen, die aufzubringen eher Sache der Regierung des jeweiligen Landes wäre?

Die Antwort auf diese gern gestellten Fragen ist eine doppelte. Zum einen: Unseren Kulturdenkmälern geht durch die Gelder, welche die Bundesregierung in den Welterbefonds der UNESCO zahlt, kein Pfennig verloren. Sie kommen aus dem Etat des Auswärtigen Amtes und dienen ausschließlich dazu, Projekte zu fördern, die von der UNESCO angeregt oder für förderungswürdig gehalten werden. Und wer wollte es der UNESCO verargen, wenn dies vor allem Projekte in Ländern sind, deren wirtschaftliche Kraft in umgekehrtem Verhältnis zu ihrem Reichtum an Kultur- und Naturdenkmälern steht?

Über bilaterale Zusammenarbeit – also über die direkte Förderung eines Restaurierungsprojekts in einem anderen Land – entscheidet sowieso die Bundesregierung allein. Auch hier aber sind UNESCO und ICOMOS unentbehrlich. Steht nämlich ein Denkmal, für das Hilfe beantragt wird, nicht auf der Liste des Welterbes, so sind die Chancen, daß es zur Zusammenarbeit kommt, gering, und umgekehrt. Daß sich die Bundesregierung mit Zuschüssen für ein Restaurierungsvorhaben an der Sanierung der Altstadt von Sana'a, der Hauptstadt des Jemen, beteiligt, ist sicher letztlich eine politisch motivierte Entscheidung gewesen, die aber doch erst getroffen wurde, nachdem Sana'a in die Welterbeliste aufgenommen worden war. Die Zusammenarbeit mit der Regierung des Jemen hat auch dazu geführt, daß die Bundesrepublik zum ersten Mal vom UNESCO-Fond für das Welterbe profitierte; sie konnte das Komitee davon überzeugen, daß ein von deutscher Seite in Angriff genommener Filmbericht über die Sanierung Sana'as einen Zuschuß verdient, weil er dokumentiert, wie die Bemühungen eines der ärmsten Länder der Welt um die Rettung seines architektonischen Erbes durch die von der UNESCO gelenkte Unterstützung anderer Länder schrittweise zum gewünschten Erfolg führen.

Doch auch unseren eigenen Denkmälern bringt die Konvention einen Nutzen, einen sehr greifbaren sogar. Das Etikett «Denkmal des Weltkulturerbes», das eine Kirche oder ein Schloß bekommen hat, gibt den Stellen, die für sie verantwortlich sind, eine Trumpfkarte in die Hand, die, richtig ausgespielt, beim Pokerspiel um die Zuschüsse für Untersuchungen, Planungen und Erhaltungsmaßnahmen mit Sicherheit sticht. Gleiches gilt, wenn Gefahren und Beeinträchtigungen abgewendet werden sollen, die einem Denkmal des Welterbes durch bauliche Veränderungen an ihm selbst oder in seiner Umgebung drohen. Und auch die Archäologen können sich auf die UNESCO berufen, wenn sie in einem Bereich graben, der zu einem Welterbedenkmal gehört, und dabei Konflikte mit Stadtplanern oder Investoren entstehen. Zwei Beispiele mögen genügen: In Lübeck hätte die große, zwölf Grundstücke übergreifende und ungewöhnlich erfolgreiche Grabung im Kaufleuteviertel zwischen St. Marien und der Trave möglicherweise ein vorzeitiges Ende gefunden, wenn nicht das Welterbekomitee seine Zustimmung zum Eintragungsvorschlag mit der Empfehlung verbunden hätte, die Arbeiten fortzusetzen und der UNESCO darüber zu berichten. Und in Speyer hätte ein Architekt, dem Stadt und Kirche ausgerechnet den Dombereich zur Verwirklichung seiner umstrittenen städtebaulichen Ideen zur Verfügung gestellt hatten, sich kaum zu einem Kompromiß bereit gefunden, wenn nicht der damalige Präsident von ICOMOS, von der UNESCO darum gebeten, seine Autorität und sein diplomatisches Geschick als Gewicht in die Waagschale gelegt hätte.

Hans Caspary

Deutsche Denkmäler in der Liste des Kultur- und Naturerbes der Welt

Dom zu Aachen

Stellungnahme von ICOMOS zum Eintragungsvorschlag (Dezember 1980)

Karls des Großen eigene, um 790–800 erbaute Pfalzkapelle ist es, die den Kern des Doms zu Aachen bildet und ihm ein besonderes Interesse verleiht. Über achteckigem Grundriß errichtet, von einem Seitenschiff mit Emporen umgeben und mit einer Kuppel abschließend, läßt sie sich ohne Schwierigkeiten durch die besonderen Merkmale ihres Aufbaus von den später hinzugefügten Bauteilen unterscheiden, unter denen der schöne gotische Chor hervorzuheben ist.

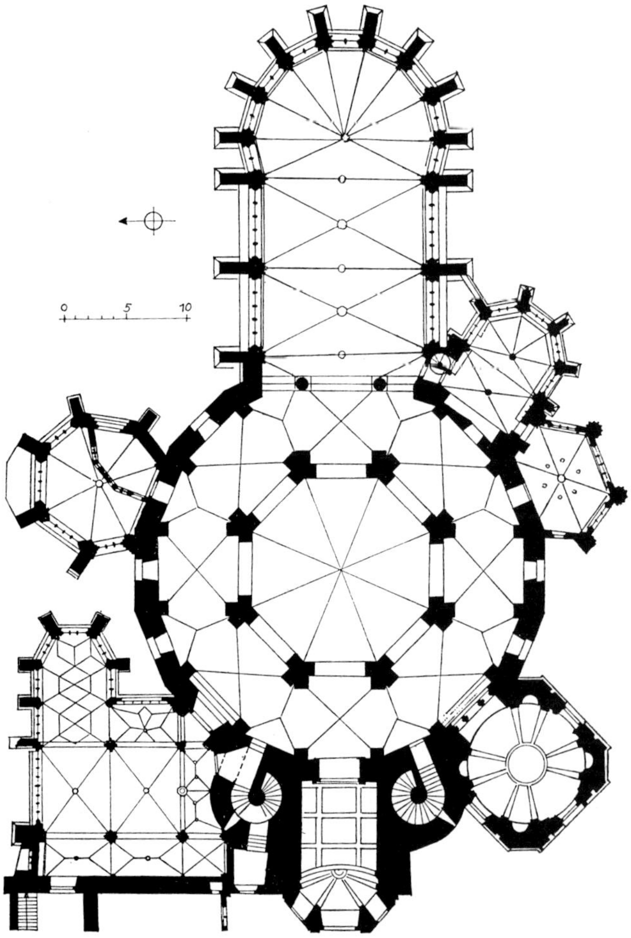

ICOMOS empfiehlt die Aufnahme in die Liste des Welterbes unter Anwendung der Kriterien I, II, IV, und VI.

I. Mit seinen Säulen aus griechischem und italienischem Marmor, seinen Bronzetüren und dem großen, heute leider zerstörten Kuppelmosaik wurde die Pfalzkapelle schon zur Zeit ihrer Errichtung als ein außergewöhnliches Kunstwerk angesehen. Seit der Antike war sie das erste gewölbte Gebäude nördlich der Alpen.

II. Durch Bautraditionen der klassischen Antike ebenso wie durch solche aus Byzanz stark geprägt, blieb die Pfalzkapelle in der Zeit der «Karolingischen Renaissance», aber auch noch im frühen Mittelalter, eines der großen Vorbilder religiöser Baukunst; sie regte Kopien und Nachahmungen an (Mettlach, Nimwegen, Essen, Ottmarsheim).

IV. Die Pfalzkapelle Karls des Großen ist ein hervorragender und unverwechselbarer Vertreter der Familie der Pfalzkapellen mit zentralem Grundriß und Emporen.

VI. Die Errichtung der kaiserlichen Kapelle in Aachen war ein Zeichen für die neu gewonnene Einheit des Abendlandes und für seine geistige und politische Erneuerung unter der Herrschaft Karls des Großen. Dieser ließ sich 814 in ihr bestatten; im ganzen Mittelalter, bis zum Jahr 1531, war Aachen der Ort, an dem die römischen Kaiser deutscher Nation gekrönt wurden. Die Sammlungen des Aachener Domschatzes sind als Kunstwerke wie als archäologische und geschichtliche Dokumente von unschätzbarem Wert.

Abb. 1. Dom zu Aachen, Grundriß (nach Dehio). Zentralbau mit oktogonalem Mittelraum, erbaut um 790–800 als Pfalzkapelle Karls des Großen, gotischer Chor von 1355–1414 (Grundriß nach Dehio).

Abb. 2. Dom zu Aachen, Innenansicht der Pfalzkapelle, Südseite des Oktogons. ▷

Abb. 3. Dom zu Aachen, Westbau.

Abb. 4. Dom zu Aachen, Lotharkreuz in der Domschatzkammer.

Abb. 5. Dom zu Aachen, karolingische Bronzetür, Detail mit Löwenkopf.

Abb. 6. Dom zu Aachen, Detail der karolingischen Bronzegitter im Emporengeschoß.

Abb. 7. Dom zu Aachen, Thron Karls des Großen im Westjoch des Emporengeschosses.

Abb. 8. Dom zu Aachen, Gesamtansicht von Norden.

Zur Restaurierungsgeschichte des Aachener Doms seit 1945

Die Beseitigung der akuten Kriegsschäden war die Aufgabenstellung der frühen Nachkriegszeit. So begannen 1949 die Instandsetzungsarbeiten mit der provisorischen Überholung der Dächer, der Neuverglasung des Chores und der Neugestaltung der Chorhalleneinrichtung. Bis Mitte der sechziger Jahre war auch die gänzlich zerstörte südliche Turmkapelle wieder hergestellt.

Dann stellte sich das Problem der 1783 durch das Heraustrennen der eisernen Ringanker geschwächten Chorhalle. Immer wieder traten Risse auf. Diese hatten bereits unter dem Statiker Professor Pirlet zu einer Verbindung der Chorhalle mit dem Oktogon geführt. Pirlet hatte eine Ankerkonstruktion entwickelt, die auf die Mauerkronen beider Bauteile griff. Diese Konstruktion ging von der Idee aus, daß sich die gotischen Pfeiler monolithisch verhielten. Da das Mauerwerk jedoch aus einzelnen Bausteinen gemauert war, traten auch weiterhin die bereits vorher beobachteten Schäden auf. Dies führte 1977 zu einer weiteren Untersuchung der Chorhalle, ihrer Statik und ihrer Anker. Danach sollten die vier gotischen eisernen Ankerringe wieder geschlossen und das Blindfenster zum Oktogon geöffnet werden. Das Schweißtechnische Institut der Rheinisch-Westfälischen Technischen Hochschule untersuchte die Schweißbarkeit mittelalterlichen Eisens. Nach den neuen Erkenntnissen konnten an die im Mauerwerk befindlichen Ankerstücke Haken angeschweißt werden, an denen dann die neuen Eisen in der Fensterflucht befestigt wurden. 1978 begann auf der Katschhofseite die Wiederherstellung der Anker.

1982 löste der Zustand des neugotischen Zierrats eine neue Periode intensiverer Instandsetzung der Außenhaut aus. An der Chorhalle waren weitere Schäden durch Salzabsprengungen und Errosion zu erkennen. Der Treppenturm, drei Baldachine, drei Kreuzblumen und drei fehlende Fialen der Chorhallenbrüstung sowie ein bei den Arbeiten abgebrochener Wasserspeier mußten ersetzt werden. Die übrigen Wasserspeier wurden auf ihre statische Halbarkeit überprüft. Jetzt wurden nicht mehr, wie direkt nach dem Zweiten Weltkrieg, die einzelnen Glieder neu gestaltet, sondern man hielt sich an den Befund.

Doch auch die Beseitigung statischer Probleme wurde fortge-

Abb. 9. Dom zu Aachen, Ösen der mittelalterlichen Eisenanker in den Chorhallenpfeilern (1981).

Abb. 10. Dom zu Aachen, Muttergottesfigur über dem Krämerportal, mit starker Verschmutzung durch Tauben (1988).

führt. Die Instandsetzungen im 19. Jahrhundert hatten vermutlich mehr kosmetischen Charakter und berührten weniger die bauliche Substanz. Risse und Absetzbewegungen des Kapellenbaus der Hubertus- und Karlskapelle vom Mauerwerk des Sechzehnecks machte die Verbindung der Kapelle mit dem Mauerwerk des Sechzehnecks erforderlich. Im Zwickel zwischen oberem Gewölbe und äußerem Mauerkranz wurde ein Betonringanker eingezogen und durch Edelstahlanker das gotische Mauerwerk mit diesem Anker verbunden. In der Deckenebene darunter wurde das Mauerwerk der Kapellen durchbohrt und mit einem Ankerkranz aus Edelstahl an das Mauerwerk des Sechzehnecks angeschlossen. Eine weitere statische Untersuchung ergab, daß der auskragende Erker zu Druckzerstörungen der unter ihm befindlichen Steine geführt hatte. Um einer weiteren Zerstörung vorzubeugen, wurde der Einbau eines Ankers unterhalb des Erkers eingeplant. Der Anker verlangte ein ausreichend festes Mauerwerk. Die Blausteinblöcke der Kapelle waren jedoch in teilweise bröckelndem Zustand, teilweise bestand keine Mörtelverbindung zwischen der Innen- und Außenschale des zweischaligen Mauerwerks. Wegen der auf der Innenwand befindlichen Farbfassung und der Verschiedenartigkeit des Materials, außen dichter Blaustein, innen poröser Sandstein, wurde ein schichtenweises vorsichtiges Verpressen der Hohlräume vorgesehen unter intensiver Kontrolle des Zustandes der Innenflächen. Diese Arbeiten sind zur Zeit noch im Gang.

Das nach Osten vorspringende Chörchen der Nikolaus- und Michaelskirche erzeugt einen winkelförmigen Baukörper. Die Risse und Schäden an Rippen, Maßwerk und Verglasung dieser Kapelle waren schon vorher vom Bleidach des Sechzehnecks erkannt worden. Eine Fundamentuntersuchung ergab, daß ein Pfeiler ohne Verbindung mit tragfähigem Boden war. Zudem war das Pfeilermauerwerk kaum in das Kapellenmauerwerk eingebunden. Durch eine Wurzelpfahlgründung erhielt der Pfeiler seine Tragfähigkeit zurück. Bei der folgenden Sanierung des Mauerwerks mußten zwei Pfeiler wegen der bröckeligen Steinstruktur teilweise vollständig mit belgischem Granit erneuert werden.

Die seit langem bekannte Verdrehung des Helms über dem karolingischen Oktogon war auf schadhafte Windverbände und Konstruktionsmittel zurückführbar. Auch die während der Arbeiten erkannte Zerstörung der Binderbalkenauflager im Tambourmauerwerk des Oktogons war hier wirksam gewesen.

Alle im Mauerwerk befindlichen Teile der Grat- und Binderbalken waren bis zu einer Länge von 1,20 m verfault. Aus diesem Notstand wurde ein statisches Konzept entwickelt, das sowohl die Instandsetzung der Knotenpunkte wie auch den statisch wirksamen Anschluß der hölzernen Konstruktionsteile unter dem bestehenden Dach herzustellen erlaubte. Hierzu wurde eine Stahlkonstruktion gewählt, die an die Stelle der zerstörten Hölzer rückte und zur Aussteifung mit Beton eingegossen wurde. Diese Bauart erlaubte, ohne Totalabbau des Dachs, unter Verlust des Originalmaterials und der Konstruktion der Fußpunkte, möglichst viel Substanz des übrigen Daches zu erhalten.

1987 wurde mit der Instandsetzung des Westturms begonnen, bei der sich herausstellte, daß die Blöcke der Natursteine mit Eisenankern verklammert waren, die jedoch mangels Verbleiung zu Rostsprengungen geführt hatten. Die Anker wurden im wesentlichen ausgebaut und durch V-4a-Stahlanker ersetzt. Durch den Ankereinbau wurde eine Vielzahl von Vierungen in der Fassade des Westturmes nötig. Bei den bisherigen Arbeiten an den Dom-Außenflächen wurde ausschließlich mit Steinersatz und nicht mit chemischen Verfahren, wie zum Beispiel Härtung oder Reinigung gearbeitet. Diese Methoden wurden bis jetzt wegen ihres Risikos ausgeschlossen.

Als nächster Schritt der Dominstandsetzung stellt sich das Problem des desolaten karolingischen Mauerwerks. Nach Voruntersuchungen durch den Statiker, die Rheinisch-Westfälische Technische Hochschule, das Zollerninstitut, das Rheinische Amt für Denkmalpflege und den Mörtelsachverständigen Kremser werden nun 1990 einige Proben angesetzt, die Aufschluß darüber geben sollen, wie in Zukunft mit diesem Mauerwerk verfahren werden soll. Die vorgeschlagene Spannweite der Maßnahme reicht vom Torkretieren bis zur Überlegung, abgesehen von der Sicherung der Partien über Verkehrsflächen gar nichts zu tun. Die Maßnahmen sollen in enger Zusammenarbeit mit den beteiligten Fachleuten durchgeführt werden. Das Ergebnis der geplanten Proben muß abgewartet werden, bevor hier weitreichende Eingriffe stattfinden, die das äußere Erscheinungsbild oder auch die Originalsubstanz verändern können.

Lutz-Henning Meyer

Literatur: D. Hugot, Die Erneuerung des mittelalterlichen Ringankersystems der Chorhalle durch Dombaumeister Dr.-Ing. Leo Hugot, Aachen 1983.

Abb. 11. Dom zu Aachen, Karlsschrein (vollendet 1215), Zustand 1988 nach der Konservierung.

Die Konservierung des Karlsschreins

Der Karlsschrein, der die Gebeine des 1165 auf Veranlassung von Friedrich Barbarossa heiliggesprochenen Kaisers und Erbauers der Pfalzkapelle umschließt, wurde in einer mittelalterlichen Aachener Goldschmiedewerkstatt gearbeitet und 1215 vollendet. Er gehört zu den großen Werken mittelalterlicher Goldschmiedekunst.

Mit seinem außergewöhnlichen Bildprogramm wurde der Schrein, der seinen Platz hinter dem Altar im gotischen Chor des Domes hat, das sichtbare Zeichen des Heiligen Römischen Reiches. Anstelle von Heiligen und Aposteln thronen an den Langseiten die Kaiser und Könige des Reiches als Nachfahren Kaiser Karls des Großen.

Der Kern des Schreins ist aus Eichenholz. Die dendrochronologische Untersuchung ergab, daß dieses Eichenholz um oder wenig nach 1182 verarbeitet wurde. Die Figuren und Reliefs bestehen aus getriebenem, vergoldetem Silber. Der übrige Schmuck sind Emails, Filigrane mit kostbaren Edelsteinen und Braunfirnisplatten. Alle Teile sind auf den Eichenholzschrein aufgenagelt.

Vor der Konservierung zeigten sich große Risse und Bruchstellen in den Treibarbeiten und eine starke Verschmutzung. Die Befestigung am Holzschrein war fast ausnahmslos behelfsmäßig. Ein Großteil der Köpfe der Figuren war lose. Die Kupferteile zeigten Grünspanbefall. Zu den Schäden hatten unter anderem mehrere kriegsbedingte Auslagerungen beigetragen, die mit langen Transporten und unzulänglicher Unterbringung verbunden waren (im 16. Jahrhundert, während der Französischen Revolution und während der beiden Weltkriege).

Ziel der Konservierungsmaßnahmen war die Sicherung und Konservierung der jetzt noch vorhandenen Substanz des Schreins. Dies erlaubte keine Eingriffe und schloß jegliche Art von Rekonstruktion oder andere Veränderungen aus, wie Nach- oder Neuvergolden des originalen Bestandes, Ausbeulen oder Nachtreiben von eingedrückten Stellen in den Treibarbeiten. Zur Konservierung war die Abnahme aller Metallteile vom Holzschrein nötig. Bei der Reinigung der Silberteile konnte die originale mittelalterliche Vergoldung wieder freigelegt werden. Die Bruchstellen, Löcher und Risse wurden durch Hinterlegungen aus vergoldetem Silber geschlossen.

Eine internationale Expertenkommission begleitete die Konservierungsarbeiten, die von 1982 bis 1988 in der Goldschmiedewerkstatt des Aachener Domes von vier Goldschmieden durchgeführt wurden. Die von der Expertenkommission entwickelten Arbeitsrichtlinien wurden inzwischen von der Erzdiözese Köln für die bevorstehende Konservierung der zwölf Kölner Reliquienschreine übernommen.

Herta Lepie

Literatur: Ein längerer, reich bebilderter Vorbericht über die Restaurierung ist im Oktober 1988 als Sonderheft der Zeitschrift der Grünenthal GmbH «Die Waage» erschienen. Eine wissenschaftliche Publikation über die Restaurierung ist in Vorbereitung.

Abb. 12. Dom zu Aachen, Holzkern des Karlsschreins (nach 1182), Ansicht nach Abnahme aller Metallbeschläge und Öffnung des Daches im Jahr 1984.

Dom zu Speyer

Stellungnahme von ICOMOS zum Eintragungsvorschlag (April 1981)

Der Dom zu Speyer ist, zusammen mit dem zu Worms und dem zu Mainz, das Hauptwerk der romanischen Baukunst in Deutschland. Er ist auch in seinen Abmessungen das größte Denkmal seiner Zeit und zugleich dasjenige, mit dem sich die wichtigsten geschichtlichen Erinnerungen verbinden, denn die salischen Kaiser machten ihn zu ihrer Grablege.

Maria und dem hl. Stephan geweiht, wurde der Dom im wesentlichen zwischen 1030 und 1106 erbaut. Er greift in seiner äußeren Erscheinung auf das Vorbild von St. Michael in Hildesheim zurück und bringt eine Grundrißgliederung zur Vollendung, die in der Folgezeit nicht nur im Rheinland allgemeine Gültigkeit erhielt; ihre Kennzeichen sind die ausgewogene Verteilung der Baumassen im Osten und im Westen und die symmetrische Anordnung von vier Türmen an den Ecken des von Langhaus und Querhaus gebildeten Baukörpers.

1689 wurde der Dom zu Speyer durch Brandstiftung schwer in Mitleidenschaft gezogen. 1722–1778 rekonstruierte Franz Ignaz Michael Neumann die nach diesem Unglück eingestürzten Bauteile und vervollständigte sie durch ein in barocken Formen gehaltenes Westwerk.

1854–1858 wurde dieser Anbau durch einen Westbau ersetzt, der die Vorstellung von Romanik, die man damals hatte, veranschaulicht. Gleichzeitig wurde der ganze Innenraum des Doms von Schraudolph und seiner Werkstatt mit schweren neuromanischen Malereien und mit großformatigen Historienbildern ausgestattet.

1957 begann man, den Zustand des 11. Jahrhunderts in seiner ursprünglichen Stilreinheit wiederherzustellen, indem man Malereien und Tünche des 19. Jahrhunderts entfernte.

Trotz dieser wechselvollen Baugeschichte, oder vielleicht gerade deswegen, verdient der Dom zu Speyer es, unter Anwendung von Kriterium II in die Liste des Welterbes aufgenommen zu werden. Er hat in der Tat nicht nur einen beträchtlichen Einfluß auf die Entwicklung der romanischen Architektur des 11. und 12. Jahrhunderts ausgeübt, sondern auch die Entfaltung der Lehrmeinungen der Denkmalpflege in Deutschland, Europa und der Welt vom 18. Jahrhundert bis in unsere Gegenwart mitbestimmt.

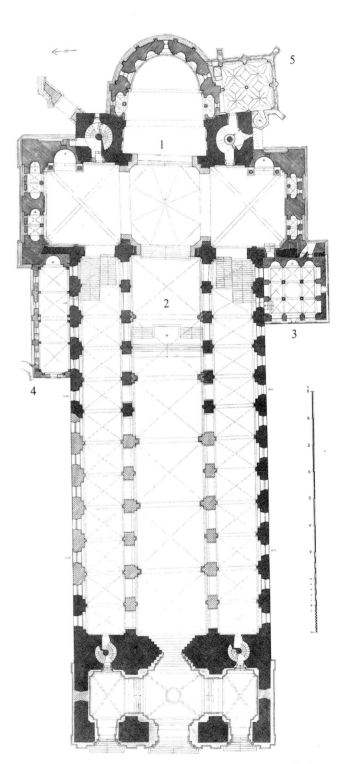

Abb. 13. Dom zu Speyer, Grundriß (1 = Stiftschor, 2 = Königschor, 3 = Taufkapelle, 4 = Afrakapelle, 5 = Sakristei). Zeichnung D. von Winterfeld.

Abb. 14. Dom zu Speyer, Ansicht von Osten. ▷

Abb. 15. Dom zu Speyer, Ansicht von Südwesten nach der Restaurierung 1957–1966. Bauzeiten: Ostteile und Osthälfte des Langhauses ▷▷ 1025–1106, Turmabschlüsse um 1220, Westhälfte des Langhauses 1776, Westbau 1854/56.

Zweieinhalb Jahrhunderte Denkmalpflege am Dom zu Speyer

Als Grabstätte römischer Kaiser und deutscher Könige mit dem alten heiligen römischen Imperium eng verbunden und als gemeinsame Stiftung der salischen Dynastie tief im Gedächtnis früherer Generationen verankert, ist der Dom zu Speyer wohl sehr frühzeitig, das heißt sicher schon im ausgehenden Mittelalter, zum «Denkmal» geworden. Es mag dabei außer Betracht bleiben, ob dies bereits durch die Stifter, insbesondere Heinrich IV., von Anfang an beabsichtigt war. Unbeabsichtigt wurde er durch seine wechselhafte Geschichte ein hervorragendes Beispiel denkmalpflegerischen Handelns.

Der Speyerer Dom erhielt seine für lange Zeit gültige Gestalt in den beiden großen Bauunternehmungen von 1027–1061 und 1080–1106 (1125), letztere mit Einwölbung, Erneuerung der Ostteile, Ausbau der Türme und der berühmten Bauzier. Von relativ geringfügigen Veränderungen seiner baulichen Substanz abgesehen, stand er so bis 1689, das heißt für mehr als fünfeinhalb Jahrhunderte. Die Türme erhielten Giebel und steinerne Helme, auf der Nordseite wurden gotische Kapellen angebaut, ebenso im Südosten die Sakristei.

Die Kapellenanbauten der Nordseite, im 14. und 15. Jahrhundert errichtet, und die Erneuerung des Kreuzganges zwischen 1437 und 1444 folgten, wie anderen Ortes auch, den gotischen bzw. spätgotischen Formen. Bei der turmartigen, dem Typus des Schatzhauses entsprechenden Sakristei erhielten Sockel- und Obergeschoß romanische Fenster. Auch am 1450 durch den Brand beschädigten westlichen Mittel- bzw. Glockenturm blieb die Gesamterscheinung unverändert bzw. wurde wiederhergestellt. Nur die Schallarkaden zeigen Kielbögen. Die Dominanz des romanischen Baus führte also gelegentlich zu Maßnahmen, die wir leicht als «historisierend» oder «denkmalpflegerisch» kennzeichnen mögen, die in Wirklichkeit ganz unreflektiert und selbstverständlich dem Gebot der Einheitlichkeit und Anpassung folgten.

Das einschneidendste Ereignis in der Geschichte des Domes war die Zerstörung von 1689 durch die Franzosen als Folge des orleansischen oder pfälzischen Erbfolgekrieges. In Speyer stürzten durch Sprengung dreieinhalb Joche ein, das heißt ca. knapp zwei Drittel des Langhauses. Außerdem brannten die Dächer ab und die gesamte mittelalterliche Ausstattung ging verloren.

Erst zehn Jahre nach der Zerstörung konnte das Domkapitel zurückkehren. In äußerster Not beschränkte man sich auf die Sicherung und Reparatur der erhaltenen Reste. Eine provisorische Trennwand schloß die Ostteile ab. Die Dächer wurden wegen der Schieferdeckung anstelle des Bleis steiler, die Giebel über den drei östlichen Kreuzarmen wurden durch Walme ersetzt. Die einzige neue Architekturform bildeten die Schweifhauben auf den achteckigen Mitteltürmen. Es sei hervorgehoben, daß man damals den isoliert stehenden und völlig außer Funktion geratenen Westbau unter Dach brachte und offenbar erhalten wollte. Die Gewölbe der Krypta erneuerte man formgetreu.

Von 1751–1759 ist ein wichtiger Abschnitt im Ringen um die Erhaltung des Domes zu verzeichnen. Als erste Maßnahme wurde der Westbau wegen Baufälligkeit bis auf sein Untergeschoß abgebrochen. 1756/59 erfolgte die Sicherung der Ostteile, vor allem durch die Verstärkung der Vierungspfeiler und -bögen.

Erst 1772 – 83 Jahre nach der Zerstörung – konnte der energische Bischof August von Limburg-Stirum das Unternehmen endlich in Gang setzen. Der Auftrag wurde an Franz Ignaz Michael Neumann, den Sohn des großen Balthasar Neumann, vergeben. Das Langhaus wurde in voller Ausdehnung als Kopie des mittelalterlichen Vorbildes errichtet, die nur dem Fachmann als solche erkennbar ist. Vom alten Westbau verwendete man das Untergeschoß mit seiner 6 m starken Mauer zum Langhaus. Der darüber geplante Aufbau konnte aus finanziellen Gründen nicht ausgeführt werden. Lange vor dem Historismus war damit die Kopie des mittelalterlichen Baus entstanden, die einem höchst unmodernen, 650 Jahre alten Vorbild folgte.

Im Gefolge der französischen Revolution wird der Dom 1793/94 abermals geplündert, verwüstet und schließlich profaniert. Mit knapper Not entgeht er dem Abbruch. Mit der Neueinrichtung eines Bistums werden die Schäden behoben. Für den Dom fallen die wichtigsten Entscheidungen jetzt in München. Entgegen einem Gutachten Leo von Klenzes werden der Kreuzgang und die sonstigen Reste der Domumbauung abgebrochen. Stattdessen wird der Domgarten im englischen Stil angelegt. Der Dom steht nun denkmalhaft und frei nach allen Seiten, als Zeuge ferner Vergangenheit am Rande eines Parks, so wie die Romantik Baudenkmäler erleben wollte. Den krönenden Abschluß der Ausstattung im Inneren bedeutete die Ausmalung um 1846/53 im Auftrag des bayerischen Königs Ludwig I.

Auch der Zustand des Äußeren wurde alsbald als unbefriedigend empfunden. Durch die Neumann'sche Notlösung war die zweipolige Anlage aus dem Gleichgewicht geraten; es entstand der Wunsch, den Westbau durch eine «stilgerechte» Lösung zu ersetzen. 1854/58 führte ihn der Karlsruher Baudirektor Heinrich Hübsch aus. In der Grundposition hielt er sich an das mittelalterliche Vorbild, das er aber, wie er ausführlich begründete, verbesserte und ihm damit die notwendige Angemessenheit verlieh. Das romanische Untergeschoß blieb erhalten, wurde aber innen wie außen vollständig verkleidet und ummantelt.

Hatte das 19. Jahrhundert versucht, die amputierte Gestalt des Domes wieder zu vervollständigen und mit neuem Glanz auszustatten, so richtete sich das Interesse des 20. Jahrhundert zunächst auf die statische Sicherung. Sie wurde 1931 in den gesamten Ostteilen und dem noch jungen Westbau durchgeführt. Überall, wo es ohne Gefahr möglich schien, wurden die barocken Vermauerungen entfernt. Man beschritt den Weg, störende technische Veränderungen späterer Zeit zu beseitigen, um möglichst viel und unverändert von dem hoch geschätzten Original zeigen zu können.

◁ Abb. 16. Dom zu Speyer, Blick aus dem Chor in Vierung und Langhaus.

Angesichts der bevorstehenden 900-Jahr-Feier der ersten Domweihe 1961 erschien 1957 die Restaurierung des unansehnlich gewordenen Innenraums geboten. Die damals führenden Persönlichkeiten von Staat und Kirche gehörten einer Generation an, die in Aversionen gegen die Kunst des 19. Jahrhunderts erzogen worden war. Bischof, Domkapitel und Kultusminister trieben den Gedanken voran und fällten die Entscheidung, die ganz selbstverständlich gegen das 19. Jahrhundert ausfiel.

Es war abzuwägen, ob sich das Werk Schraudolphs auf eine Stufe stellen ließe mit dem bedeutendsten romanischen Bau Deutschlands. Alle Verantwortlichen, insbesondere der leitende Architekt, hatten die wohl etwas naive Hoffnung, den romanischen Bau unter dem Putz hervorholen zu können. Daß dies immer nur ein Rohbau sein würde, focht sie in der Ästhetik der Zeit wenig an.

Die Maßnahmen waren zunächst nur auf den Innenraum ausgerichtet, griffen aber alsbald auf den Außenbau über. Das Jubiläum der Weihe 1961 bedeutete bald nicht mehr Ende, sondern Einschnitt. Es folgten Rekonstruktionen der Dächer und der drei Ostgiebel, die Tieferlegung des Fußbodens um mehr als einen halben Meter, die Teilrekonstruktion des Vierungsturmes. Fast alle baulichen Maßnahmen waren auf die formale Wiederherstellung des romanischen Baus ausgerichtet und knüpften darin letztlich an das Werk des 18. Jahrhunderts an.

Von der baulichen Struktur her ist der Dom seiner Erscheinung am Ende der Romanik wieder so nahe wie niemals vorher seit der Zerstörung von 1689. Das ist ein ganz außerordentlicher Gewinn. Die Fachleute wissen, daß dies ein Rohbauzustand ist. Im Erlebniswert und in der Atmosphäre des Historischen verfehlt diese Erscheinung dennoch nicht ihre Wirkung auf Millionen von Betrachtern.

Wir müssen heute die Restaurierung von 1957 als ein historisches Ereignis begreifen, das nur aus seinen geistesgeschichtlichen Voraussetzungen verständlich ist. Andererseits wird in ihm so etwas wie eine eigentümliche, nur für Speyer spezifische Kontinuität der Pflege eines großen Denkmals sichtbar, wo seit 1689 äußere Einwirkungen die Geschichte des Baus immer wieder beseitigt haben und Rekonstruktion frühzeitig zum Programm wurde.

Dethard von Winterfeld

Abb. 17. Dom zu Speyer, Ansicht von Nordwesten vor 1755. Durch den Einsturz der Gewölbe von dreieinhalb Langhausjochen sind Westbau und Ostteile voneinander getrennt. Die erhalten gebliebenen Bauteile haben neue, schiefergedeckte Dächer.

Abb. 18. Dom zu Speyer, Ansicht von Südosten nach 1755. Die Ostteile sind durch Strebepfeiler gesichert, der Westbau (links im Bild) bis zu einer Höhe von wenigen Metern über dem Erdgeschoß abgetragen.

Abb. 19. Dom zu Speyer, Gesamtansicht von Nordwesten (1967).

Der hier abgedruckte Text ist die von Hans Caspary redigierte Kurzfassung eines Beitrags für Jahrgang 44 Heft 2 (1986) der Zeitschrift «Deutsche Kunst und Denkmalpflege», der seinerseits auf ein Referat zurückgeht, das der Verfasser im Juni 1986 anläßlich der Jahresversammlung der deutschen Denkmalpfleger in Speyer hielt.

Die gesamte Literatur bei: Hans Erich Kubach und Walter Haas, Der Dom zu Speyer (= Die Kunstdenkmäler von Rheinland-Pfalz, Bd. 5), 3 Bde., München 1972. – Unter der nach 1972 erschienenen Literatur hervorzuheben: Walter Haas, Der Dom zu Speyer, Königstein i. T. (Langewiesche-Bücherei) 1984. – Jochen Zink, Ludwig I. und der Dom zu Speyer, München 1986. – Vincent Mayr, Franz Ignaz Michael von Neumann und die Domkuppeln von Mainz und Speyer, in: Jahrbuch des Vereins für christliche Kunst in München e. V., Bd. XVII, München 1988, S. 69–86.

Restaurierungsmaßnahmen am Dom zu Speyer 1982–1989

Die große, 1957–72 durchgeführte Restaurierung des Doms hatte das Bauwerk statisch gesichert und um den Preis der Zerstörung der barocken Dächer sowie des größten Teils der Ausmalung von 1846–53 wieder seinem ursprünglichen mittelalterlichen Erscheinungsbild angenähert. Ausgespart geblieben waren damals die bereits um 1930 ein erstes Mal gesicherten romanischen Osttürme und der 1854/58 über dem erhaltenen romanischen Erdgeschoß neu errichtete Westbau.

Auf die Restaurierung auch dieser beiden Bauteile, insbesondre der Osttürme, konzentrierten sich die nach einer längeren Pause und nach sorgfältigen vorbereitenden Bauuntersuchungen 1984 neu aufgenommenen Arbeiten. Oberster Grundsatz, von dem sich kirchliche und staatliche Denkmalpflege dabei leiten ließen, war, die mittelalterliche Substanz, die bei den Türmen noch nahezu komplett vorhanden war, so weitgehend wie möglich zu erhalten, schadhafte Teile, insbesondere solche aus Werkstein, nach Möglichkeit auszubessern und nur dort, wo statische Gründe oder die öffentliche Sicherheit dies zwingend erforderten, neue Teile einzusetzen, wobei darauf geachtet wurde, daß diese nicht nur in ihrer Form, sondern auch im Material und in der handwerklichen Bearbeitung den ausgetauschten Originalen entsprachen.

Diesem Grundsatz folgend konnten in den mit Säulenarkaden sich öffnenden Freigeschosse und in den Giebeldreiecken der Türme ein großer Teil der romanischen bzw. spätromanischen Säulenbasen, -schäfte und -kapitelle in situ erhalten bleiben. Auch beim Mauerwerk (Sandsteinquadern unterschiedlichen Formats) wurde keine perfekte Wiederherstellung der Oberfläche angestrebt. Steine, die nur angewittert waren und in

diesem Zustand keine Gefahr darstellten, wurden ebenso belassen wie ausgebrochene Mauerkanten oder abgebrochene Teile des Bogenfrieses. Die Giebelfenster wurden neu verputzt und in einem mit der Farbe der unverputzten Quadern harmonisierenden Ton gestrichen.

Bei den Arbeiten am Westbau ging es darum, den sogenannten Kaisersaal, den durchgehenden Raum des Obergeschosses, der seit seiner Erbauung im 19. Jahrhundert im Rohbauzustand geblieben und nie genutzt worden war, so herzurichten, daß er als Ausstellungsraum für heimatlos gewordene kirchliche Kunstwerke aus dem Gebiet der Diözese Speyer dienen konnte.

Zu diesen Kunstwerken zählen auch die 1960 im Zuge der Domrestaurierung von den Wänden abgelösten und deponierten großformatigen Schraudolph-Fresken. Drei von ihnen, und zwar die Darstellungen aus dem Leben des hl. Bernhard von Clairvaux aus dem nördlichen Querhausarm, wurden auf einen neuen beweglichen Bildträger aus synthetischem Material (Glasfaser) übertragen, konservatorisch gesichert und zusammen mit den erhaltenen Skizzen und Entwürfen Schraudolphs im Kaisersaal ausgestellt. Ihren endgültigen Platz sollen diese Gemälde im erweiterten Historischen Museum der Pfalz finden, wenn dieses zur 2000-Jahr-Feier der Stadt Speyer 1990 wieder eröffnet wird.

Über die Restaurierung der übrigen neun Schraudolph-Fresken und ihre Unterbringung ist noch nicht entschieden. Aus konservatorischen Gründen wäre es zu begrüßen, wenn die Diözese Speyer sich hier bald zu einer Entscheidung durchringen könnte.

Hans Caspary

Residenz Würzburg

Stellungnahme von ICOMOS zum Eintragungsvorschlag (April 1981)

Die Aufnahme der Würzburger Residenz in die Liste des Welterbes ist ein so offensichtlich wünschenswerter Vorgang, daß der Vorschlag der Bundesrepublik Deutschland keiner langen Rechtfertigung bedarf.

Im wesentlichen zwischen 1740 und 1770 ausgestattet und zwischen 1765 und 1780 mit prachtvollen Gärten versehen, ist die Residenz gleichzeitig das einheitlichste und außergewöhnlichste aller Barockschlösser.

Sie zeugt vom Prunk zweier nacheinander regierender Fürstbischöfe, Johann Philipp Franz und Friedrich Karl von Schönborn, und entspricht dadurch, daß sie auf kennzeichnende Weise die Situation eines der strahlendsten Fürstenhöfe Europas veranschaulicht, in vollendeter Form dem Kriterium IV.

Sie ist eine einzigartige künstlerische Schöpfung, durch ihr ehrgeiziges Bauprogramm, die Ursprünglichkeit ihrer Erfindung und die internationale Zusammensetzung des Baubüros.

Die angesehensten Architekten ihrer Zeit, Lukas von Hildebrandt aus Wien, Robert de Cotte und Germain Boffrand aus Paris, steuerten Entwürfe bei, die Ausführungspläne zeichnete der Hofbaumeister des Fürstbischofs, Balthasar Neumann, dem Maximilian von Welsch, der Architekt des Kurfürsten von Mainz, zur Seite stand. Bildhauer und Stukkateure kamen aus Italien, aus Flandern, aus München. Der Venezianer Giovanni Battista Tiepolo malte das Deckenbild über dem Treppenhaus und die Wandgemälde des Kaisersaals. Kein anderes Bauwerk dieser Zeit konnte so viele miteinander wetteifernde Begabungen für sich in Anspruch nehmen.

Nach schweren Bombenschäden durch einen Luftangriff am 16. März 1945 ist die Würzburger Residenz seit 1945 Gegenstand sorgfältiger und häufig exemplarischer Restaurierungsmaßnahmen, die in voller Höhe von der bayerischen Staatsregierung finanziert werden.

Abb. 20. Residenz Würzburg, Grundriß des Hauptgeschosses mit Treppenhaus, Weißem Saal, Kaisersaal und den Nördlichen und Südlichen Kaiserzimmern.

Abb. 21. Residenz Würzburg, Stadtseite, Kupferstich von Salomon Kleiner, Gesamtanlage begonnen mit der Grundsteinlegung 1720, Abschluß der Baumaßnahmen 1744.

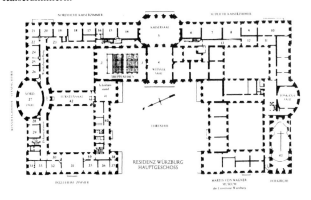

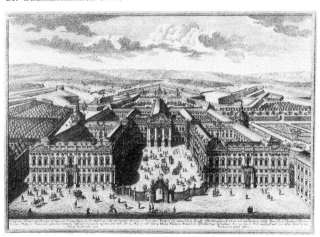

Abb. 22. Residenz Würzburg, Treppenhaus nach Plänen von Balthasar Neumann, eingewölbt 1742, Deckengemälde mit Darstellung der vier Erdteile von Giovanni Battista Tiepolo 1752/53, nach dem Brand der Residenz 1945 ebenso wie der Kaisersaal durch ein Notdach gerettet. ▷

Abb. 23. Residenz Würzburg, Hofkirche (Weihe 1743) nach Plänen von Balthasar Neumann mit Kuppelgemälden von Rudolf Byss. ▷▷

Abb. 24. Residenz Würzburg, Spiegelkabinett, ausgestattet 1742/43 mit Stukkaturen von Antonio Bossi und Hinterglasbildern nach Entwürfen von Johann Wofgang von der Auvera, nach der Zerstörung 1945 rekonstruiert 1979–1987. ▷▷

Die Rekonstruktion des Spiegelkabinetts der Würzburger Residenz

Mit der feierlichen Eröffnung des rekonstruierten Spiegelkabinetts am 1. Oktober 1987 war der letzte Abschnitt des Wiederaufbaus der Würzburger Residenz abgeschlossen.

Das Spiegelkabinett der Residenz Würzburg, das vollkommenste Raumkunstwerk des Rokoko und das unbestritten schönste seiner Art, in den Jahren 1742–1745 unter Fürstbischof Friedrich Carl v. Schönborn (1729–1746) von Stukkateur Antonio Bossi und Bildhauer van der Auvera geschaffen, ging in der Bombennacht des 16. März 1945 völlig verloren. Ausbauversuche im Jahr 1944 waren gescheitert – die erste Scheibe zerbrach –, nur das Mobiliar, zwei Türflügel und der venezianische Lüster konnten gerettet werden.

Die Einmaligkeit der Raumausstattung mit kunstvoll verspiegelten, vergoldeten und farbig in Hinterglasmaltechnik (Eglomisé) gestalteten Wandgläsern, die nicht mehr zu übertreffende Formenvielfalt des Stucks und die ungewöhnliche Farbigkeit führten zu der einhelligen Meinung aller am Wiederaufbaukonzept der Würzburger Residenz beteiligten Architekten und Kunsthistoriker, daß die Wiederherstellung des Spiegelkabinetts unmöglich sei. Es war nur eine logische Entscheidung, im Zuge der Wiederherstellung der südlichen Kaiserzimmer die Ausstattung des Thronsaales Fürstbischofs Adam Friedrich v. Seinsheim (1755–1779) einzubauen.

Erst der 1974 erfolgreiche Abschluß der Restaurierung des «Grünlackierten Zimmers» am Nordende der Kaiserzimmer, dessen Wiederherstellung wegen seiner Besonderheit ebenfalls als kaum möglich galt, war dann der Auslöser für den Auftrag an das Landbauamt Würzburg zu untersuchen, ob nicht doch die Rekonstruktion des Spiegelkabinetts möglich sci.

Nach Sichtung des verfügbaren Photomaterials (sowohl Schwarz-Weiß-Aufnahmen als auch Farbdias) konnte festgestellt werden, daß Decke, Wände und Ausstattungsgegenstände, praktisch das gesamte Spiegelkabinett, ausreichend durch Raum- und Detailphotos dokumentiert war. Hinzu kam ein äußerst genau gezeichnetes Aquarell des Malers Georg Dehn aus dem Jahr 1876. Von unschätzbarem Wert war jedoch das Vorhandensein der beim Versuch des Ausbaues zerbrochenen Scheibe, auf der verspiegelte und vergoldete Flächen sowie die farbliche Behandlung original erhalten sind und an der auch Glasstärke und Glasfarbe feststellbar waren.

Das Landbauamt war überzeugt, daß die beim Wiederaufbau der Residenz tätigen Handwerker aufgrund der gesammelten Erfahrungen und Fertigkeiten auch die Herausforderungen bei der Rekonstruktion des Spiegelkabinetts bewältigen würden. Für die künstlerisch äußerst anspruchsvollen und vom Umfang her enormen Arbeiten der Hinterglasmalerei stand der Würzburger Kunstmaler Wolfgang Lenz, im Grünlackierten Zimmer bestens bewährt, zur Verfügung.

Die richtige Wahl des Glases und die Art der Verspiegelung waren jedoch die wichtigste Voraussetzung für das Gelingen des Gesamtwerkes. Die Verwendung der heute üblichen Kristallspiegel mit perfekter Oberfläche und äußerst kalt wirkender Silbernitratbeschichtung war von vornherein ausgeschlossen. Nach langer Suche fiel die Wahl auf das 5 mm starke, fast farblose sogenannte Brillenrohglas mit leicht bewegter Oberfläche. Um den warmen Ton der früheren Quecksilberverspiegelung zu erreichen – diese Technik wurde Ende des 19. Jahrhunderts aus Gesundheitsgründen verboten – wurde nach vielen vergeblichen Versuchen das Aufdampfen einer Aluminium-Magnesium-Silizium-Metallegierung im Vakuumverfahren gewählt. Auf der Grundlage der Ergebnisse aller vom Landbauamt durchgeführten Untersuchungen und Proben wurde 1976 in einer gemeinsamen Besprechung mit dem Bayerischen Staatsministerium der Finanzen und der Bayerischen Verwaltung der staatlichen Schlösser, Gärten und Seen die Entscheidung zur Rekonstruktion des Spiegelkabinetts getroffen.

Im Herbst 1978 konnten die Bauarbeiten mit dem Ausbau der Thronsaalausstattung und dem Herausnehmen der zu niedrigen Stahlbetondecke beginnen. Sehr sorgfältig mußte die genaue Form des barocken Muldengewölbes anhand der Raumphotos rekonstruiert werden. Nach Montage der großen Deckenspiegel erfolgte das Aufbringen und Polieren des weißen Stuckmarmors, in den kleinere Spiegelflächen eingelassen wurden. Nach umfangreicher Zeichenarbeit konnte im Januar 1981 mit den Stuckarbeiten begonnen werden. Die Genauigkeit des frei angetragenen Stucks wurde ständig durch Vergleich mit den vorhandenen Photographien überprüft. Gleichzeitig wurden die ersten fertig behandelten Glasplatten auf den mit Tischlerplatten verkleideten Wänden montiert. Die Reihenfolge der verschiedenartigen Behandlungen auf der Rückseite der Glasplatten war durch Versuche festgelegt worden: Nach der genauen Zeichnung des Kunstmalers wird die Platte mittels einer Folie unter Aussparung der zu verspiegelnden Flächen abgeklebt. Dann wird die Platte mit der Metallegierung bedampft und mit Schutzlack überzogen. Hiernach wird die Folie von den Flächen entfernt, die vergoldet werden. Diese werden doppelt mit Blattgold belegt und dann vom Kunstmaler in feinen Kontur- und Schraffurlinien graviert und schwarz hinterlegt. Schließlich wird der Rest der Folie entfernt und die farbige Bemalung kann erfolgen. Die Montage der Gläser erfolgte einzeln mittels Halterungen mit Abstand zur Wandfläche. Die ca. 1 cm breiten Fugen zwischen den Gläsern wurden vom Stukkateur durch frei angetragene Stuckleisten auf der mit Schellack und feinem Quarzsand vorbereiteten Glasoberfläche abgedeckt.

Im Sommer 1984 konnte mit der Vergoldung des Stucks auf Polimentbasis mit 23karätigem Orangegold begonnen werden. Diese aufwendige Technik erfordert bis zur Fertigstellung bis zu 14 Arbeitsgänge, macht aber die differenzierte Behandlung in Glanz- oder Mattgold möglich. Das gleiche Gold wurde auch bei der Hinterglastechnik verwendet.

Eine Besonderheit im Spiegelkabinett ist die teilweise farbige Behandlung des Deckenstucks. Unter Heranziehung der Farbdias und des Aquarells erfolgte die farbige Fassung in überlieferter Technik mit Frottierung der Oberfläche und teilweiser Lüsterung auf vergoldeter Oberfläche nach alten Rezepten.

Nach dem Vorbild der geretteten Türblätter der Nordwand wurde die Tür der Südwand mit den überaus reichen Schnitzereien und Beschlägen, dazu die gesamte Lamberie mit holzgeschnitzten Ornamenten rekonstruiert. Die in den Türumrahmungen und der Lamberie eingesetzten, auf der Rückseite fein geschliffenen, vergoldeten Glasstreifen wurden in alter Schleiftechnik hergestellt. Während die kunstgeschmiedeten Kaminplatten und einige Kerzenwandarme aus dem Brandschutt, ausgeglüht und verbogen, geborgen und restauriert werden konnten, mußte die Kamineinfassung aus schwarzem Marmor neu geschaffen werden. Der seinerzeit ausgebaute schwer beschädigte Lüster wurde sorgfältig restauriert.

Der Text ist einer Broschüre des Landbauamts Würzburg zur Wiedereröffnung des Spiegelkabinetts 1987 entnommen.

Abb. 25. Residenz Würzburg, Ausschnitt aus dem Deckenbild des Treppenhauses: Europa mit Medaillonbild des Fürstbischofs Carl Philipp von Greiffenklau, unten rechts Balthasar Neumann.

Abb. 26. Residenz Würzburg, Blick auf die Gartenfassade.

Die Wieskirche

Stellungnahme von ICOMOS zum Eintragungsvorschlag (Mai 1983)

Der Weiler Wies bei Steingaden war 1738 Schauplatz eines Wunders: Ein schlichtes hölzernes Bildwerk, das Christus an der Geißelsäule darstellte und das die Prämonstratenser von Steingaden nicht mehr behalten wollten, begann Gläubigen gegenüber Tränen zu vergießen. Eine auf freiem Feld errichtete Kapelle barg für einige Zeit das wundertätige Bildwerk. Aber bald kamen die Pilger aus Deutschland, Österreich, Böhmen und sogar aus Italien in solchen Scharen, daß der Prämonstratenserabt von Steingaden die Errichtung eines glanzvollen Heiligtums beschloß. Die Bauarbeiten begannen 1745 unter der Leitung eines berühmten Architekten: Dominikus Zimmermann. Er schuf in dieser ländlichen Gegend, im Wiesengelände zu Füßen der Alpen, eines der vollendetsten Kunstwerke des bayerischen Rokoko. Der Chor wurde 1749 und die ganze Kirche 1754 geweiht. Im selben Jahr verließ Dominikus Zimmermann die Stadt Landsberg, in der er gewohnt hatte, um sich nahe seinem Meisterwerk, der Wieskirche, in einem neu errichteten Haus niederzulassen; dort starb er 1766.

Dem ovalen Kirchenschiff (25 x 29 m) ist an der Westseite eine halbkreisförmige Eingangshalle vorangestellt. Im Inneren tragen frei vor der Wand stehende gekuppelte Säulen ein phantasievoll gestaltetes Gebälk und ein flaches Muldengewölbe; sie umgrenzen einen zweiten, engeren Raum, in dem das aus Fenstern und Rundöffnungen einströmende direkte und indirekte Licht sich auf wohlüberlegte Art und Weise verteilt. Im Osten schließt sich ein von zwei übereinander liegenden Laufgängen eingefaßter langer und tiefer Chor an.

Die verschwenderischen Stuckverzierungen sind das Werk von Dominikus Zimmermann; ihm half sein Bruder Johann Baptist, seit 1720 Hofmaler des bayerischen Kurfürsten. Die lebhaften Farbtöne der Malerei bringen die Stuckdetails besser zur Geltung, und in den höheren Zonen erzeugen Fresken und Stuck, indem sie einander durchdringen, eine heitere und leicht bewegte Dekoration, deren Reichtum und Feinheit unerreicht sind. Die Überfülle von Motiven und Figuren, die Bewegung der Linien, die geschickte Durchbrechung der Oberflächen bieten dem Auge des Betrachters immer neue Überraschungen. Die in trompe l'oeil gemalten Deckengemälde scheinen sich in einen regenbogenfarbigen Himmel zu öffnen, den Engel fliegend durcheilen; sie tragen nicht wenig zu dem Eindruck beschwingter Heiterkeit bei, der von dem Kirchenraum ausgeht.

Schließlich ist auch der Erhaltungszustand ein perfekter. Die Farben haben ihre ursprüngliche Frische erhalten, nichts fehlt an dem Gesamtkunstwerk, das die Wieskirche darstellt: weder die glänzenden, asymmetrisch gestalteten schmiedeeisernen Chorgitter, noch die geschnitzten Kirchenbänke, noch die Kanzel, noch einer der eleganten Heiligen, die die Architektur bevölkern.

Eng verbunden mit der sie umgehenden Landschaft, ein vollkommenes Kunstwerk des Rokoko, entspricht die Wies voll und ganz zwei der bei einer Aufnahme in die Liste des Welterbes anzuwendenden Kriterien: Kriterium I (Meisterwerk menschlicher Schöpferkraft) und Kriterium III (außergewöhnliches Zeugnis einer untergegangenen Kultur).

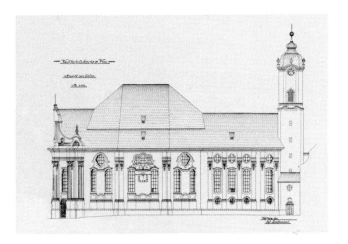

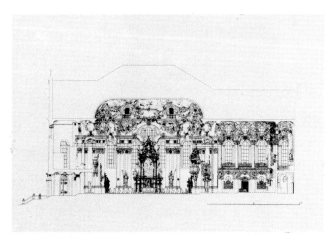

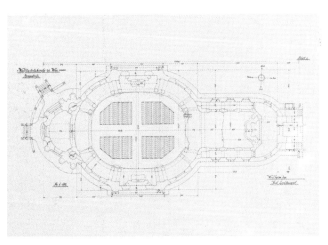

Abb. 27. Wieskirche, Aufriß der Südseite, Längsschnitt und Grundriß (Landbauamt Weilheim, Bauaufnahme um 1900).

Abb. 28. Wieskirche, Innenansicht der seit 1745 von Dominikus Zimmermann erbauten Wallfahrtskirche gegen Westen. ▷

Abb. 29. Wieskirche, Gesamtansicht der Wallfahrtskirche von Norden. ▷ ▷

Die Restaurierung der Wieskirche 1985–1990, Voruntersuchungen und Restaurierungskonzept

Im Herbst 1984 mußte die Wieskirche aus Sorge um die Sicherheit der Besucher geschlossen werden: Stuck- und Gesimsteile hatten sich vor allem in der Gewölbezone des Hauptraumes gefährlich gelockert, und auch die Deckenfresken von Johann Baptist Zimmermann zeigten Risse und hohlliegende Partien. Im Frühjahr 1985 begann das Landbauamt Weilheim, als staatliche Baubehörde für die Durchführung der Baumaßnahmen in der Wieskirche zuständig, mit der Einrüstung des Innenraumes. Vom Gerüst aus konnte dann durch eine genaue Schadensdokumentation und die umfangreichen Voruntersuchungen der Werkstätten des für die fachliche Betreuung der Restaurierungsmaßnahme zuständigen Bayerischen Landesamtes für Denkmalpflege das Restaurierungskonzept vorbereitet werden und 1986 bewilligte der Bayerische Landtag die nötigen Finanzmittel von insgesamt 6,8 Mio. DM.

Als Grundlage einer umfassenden Schadensdokumentation veranlaßte das Landbauamt Weilheim zunächst eine photogrammetrische Aufnahme des Innenraumes. Einzelne Schadensbereiche sowie der Dachstuhl wurden unter Leitung des Referats Bauforschung des Bayerischen Landesamtes für Denkmalpflege vermessen. Dieses verformungsgerechte Aufmaß hält die Rißbildung am genauesten fest und kann für in Zukunft etwa wieder notwendig werdende Restaurierungen wichtige Aufschlüsse geben. Mit geodätischen Vermessungen wurde außerdem versucht, Aufschlüsse über die Bewegung in der komplizierten Holzkonstruktion der Gewölbezone zu erhalten: Die unter anderem auf das häufige Überfliegen durch Militärmaschinen zurückgeführten Schäden traten vor allem im Bereich oberhalb der Kämpferzone auf, wo die tief herabreichende Holzkonstruktion in das Mauerwerk der Umfassungswände übergeht. Dabei hat sich gezeigt, daß zwar das statische Gefüge der Wieskirche in Ordnung war, die bewegliche Holzkonstruktion jedoch auf Winddruck, Überschnallknall usw. reagierte. Vor allem die Alterung der die Dekoration tragenden Lattengerüste, auch Korrosion der Nägel und Drähte, an denen die Stuckteile befestigt sind, dazu die Folgen früherer Wassereinbrüche bei Schäden an der Verdachung und eine, auch durch die enorme touristische Beanspruchung (mehr als eine Million Besucher im Jahr) mitbeeinflußte, wechselnde Luftfeuchtigkeit hatten zu dem heutigen Schadensbild beigetragen. Dazu kamen die Folgen früherer Restaurierungen: Nach verhältnismäßig geringfügigen Reparaturen im 19. Jahrhundert sind hier die umfassende Innenrestaurierung von 1903/07 und eine partielle Renovierung seit 1949 – vor allem in den querhausartigen Bereichen des Hauptraumes über den Seitenaltären – zu nennen.

Nachdem bereits die Restaurierung der Jahrhundertwende nach einem vom kgl. Bayerischen Generalkonservatorium – dem heutigen Landesamt für Denkmalpflege – entwickelten Konzept auf eine Konservierung des einschließlich der Ausstattung nahezu unverändert im Zustand der Erbauungszeit überlieferten Raumes abzielte, war natürlich auch heute nur ein ganz auf Konservierung und Sicherung der historischen Substanz abgestimmtes Restaurierungskonzept denkbar: In erster Linie mußten die für die Schließung der Kirche 1984 verantwortlichen absturzgefährdeten Stuckpartien, hohlliegende Putzteile, die gefährlichen Rißbildungen usw. gesichert werden. Bei der mit ersten Sicherungsmaßnahmen verbundenen Untersuchung der substanzgefährdenden Schäden an der stuckierten Raumschale zeigte sich, daß die sonstigen, mehr eine ästhetische Beeinträchtigung darstellenden Schäden wie mangelhafte Ausbesserungen und Fehlstellen vergleichsweise harmlos waren und hinter der Bedeutung der reinen Substanzsicherung zurücktraten. Auch der für die dekorative Ausstattung des Kirchenraumes vor allem im Chor mit dem Hochaltar so wichtige Stuckmarmor bedurfte nur einer schonenden Reinigung.

Im einzelnen wurde bei den Voruntersuchungen über die bereits oben genannten gravierenden Schäden hinaus folgendes Schadensbild an der Raumfassung registriert: Folgen früherer Wassereinbrüche, eine starke Verschmutzung der Oberflächen, vor allem an den vorspringenden Teilen der Stukkaturen und Architekturgliederungen, Schäden durch Reinigung der Farbfassungen bei der Restaurierung der Jahrhundertwende, unsachgemäße Rißausbesserungen, falsche Farbgebung bei Übermalungen, häufig nicht sehr qualitätvolle Ausbesserungen und Retuschen der Stuckornamentik und der Architekturgliederung, unsachgemäße Ausbesserungen der weißen Wandfassung oder weißen Architekturgliederung, sich abhebende und aufwerfende Polimentvergoldung des 18. Jahrhunderts am Stuck, abplatzende Mordantvergoldungen und abspringende Ausbesserungen der Vergoldungen auf Leimbasis von der Restaurierung 1903/07, abplatzende Versilberung an den Puttenflügeln der Kapitelle, Farbfassungen mit reduzierter Bindung zum Untergrund, Verschwärzungen an den originalen Vergoldungen und Versilberungen sowie Farbveränderungen an den lüstrierten Flächen.

Die erst nach der vollständigen Einrüstung mögliche Befunduntersuchung der Raumschale des mit der Weihe 1749 samt der Ausstattung vollendeten Chores hatte trotz der festgestellten Schäden ein höchst erfreuliches Ergebnis: Der Altarraum besitzt noch heute weitestgehend die originale, von Bernhard und Judas Thaddäus Ramis geschaffene Fassung der Erbauungszeit. Nur im Chorumgang oberhalb der Empore fanden sich geringfügige Übermalungen der Stuckornamente und der Kartuschen und teilweise auch farbig fehlerhafte Fassungspartien. Die wesentlichen Farbakzente im Chor werden durch die Stuckvergoldung sowie durch kräftige Grünfassungen an Kartuschen und muschelartigem Stuck gesetzt. Innerhalb der Stuckornamentik sind die Grünfassungen meist sehr malerisch eingesetzt, begleitet von kühlen Rot- und Grüntönen, dazu zart graue und blaue Farbtöne, die mit dem Deckenfresko von Johann Baptist Zimmermann korrespondieren.

Im Gegensatz zum verhältnismäßig einheitlichen Zustand des Chorraumes wirkte der Hauptraum, abgesehen von den besonders gravierenden Schäden, schon auf den ersten Blick stärker überarbeitet. Die Farbfassung des Stucks war zum Teil so transparent geworden, daß eine darunterliegende andersfarbige Schicht hindurchwirkte. Farbige Ergänzungen, Retuschen und die seit 1949 völlig überfaßten Partien in der Querachse traten deutlich hervor. Die originalen Polimentvergoldungen am Stuck wiesen Ausbesserungen in Mordant- bzw. einer Leimtechnik auf, ebenso waren die vergoldeten Brokatfelder mit Metallauflagen überarbeitet. Auch die Mehrzahl der lediglich farbig gemalten Brokatfelder war überarbeitet.

Abb. 30. Wieskirche, Blick in den Chor, Hochaltar mit dem Gnadenbild des Geißelheilands in der Nische des Tabernakelaufbaus. ▷

Unabhängig von diesen vielfältigen Überarbeitungen zeigten die ersten Befunduntersuchungen im Hauptraum nicht, wie im Chor, eine, sondern zwei übereinanderliegende farbige Stuckfassungen, die erste weniger «malerisch» als die Fassung des Chores in Grün-, Gelb- und Rottönen ohne Vergoldung, die zweite charakterisiert durch die als «Leitmotiv» wirkende bläuliche Smaltefassung der Rocaillen. Im weiteren Verlauf der Untersuchungen konnte nachgewiesen werden, daß es sich bei dieser zweiten Fassung nicht etwa um eine bei der Restaurierung von 1903/07 gewählte «Neurokoko»-Fassung in Angleichung an den Chor handelt, sondern um die nach der Weihe von 1754 erfolgte «Endredaktion» des 18. Jahrhunderts, mit der die, ohne die teure Vergoldung wesentlich sparsamere, erste Fassung übergangen wurde, vielleicht schon 1756 oder 1767, da diese Jahreszahlen an auch im 18. Jahrhundert nur über ein Gerüst zugänglichen Stellen des Innenraumes entdeckt wurden. Zahlreiche Indizien bewiesen die Originalität dieser zweiten Fassung, vor allem, daß die bei der Restaurierung 1903/07 mit Mordant sowie mit Leim als Bindemittel ausgebesserten ursprünglichen Polimentvergoldungen erst mit der Smaltefassung entstanden sein konnten. Denn diese Smaltefassung wies ebenfalls deutliche Retuschen und Überarbeitungen bei der späteren Restaurierung auf. Auch überlappte die Auftragsschicht späterer Stuckausbesserungen die originale Smalteschicht.

Weitere Hinweise brachten die vergleichenden naturwissenschaftlichen Untersuchungen der verschiedenen Farbfassungen. Dazu gehörte die Klärung von Pigmentveränderungen sich gegenseitig beeinflussender Farbschichten, die Analyse der Bindemittel und der Materialstrukturen. Die Analyse-Ergebnisse erlaubten eine Wertung und Einordnung der Fassungen, auch der zum Teil mit modernen Pigmenten wie Heliogenblau arbeitenden Überfassungen der neueren Restaurierungen. Ein wichtiges Indiz war auch, daß in den Querschliffen verschiedener Proben zwischen der ersten und zweiten Fassung nicht die geringsten Spuren von Verschmutzungen oder Patina feststellbar waren, was für die rasche zeitliche Aufeinanderfolge der Erstfassung und der als «Endredaktion» erkannten zweiten Fassung spricht, deren Erhaltung nach diesen Erkenntnissen natürlich auch für das jetzige Restaurierungskonzept verbindlich war.

«Leitmotiv» der Stuckfassung im Hauptraum ist das in gleicher chemischer Zusammensetzung auch schon im Chor vorkommende Smalteblau, eine wegen ihrer Transparenz beliebte Kobaltglasfritte, geradezu eine «Modefarbe» der fünfziger und sechziger Jahre des 18. Jahrhunderts, die etwa gleichzeitig auch im Münster von Zwiefalten oder in der Wallfahrtskirche Vierzehnheiligen verwendet wurde. Diese in der Wies mit Kobaltglas und farblosem Glas gemischte hellblaue Fassung ist durch kräftigere Töne mit Hilfe von «Pinseldruckern» und Pinselstrichen vor allem in den Muschelformen der Stuckierung reich akzentuiert und modelliert. Innerhalb des Kapellenkranzes des Hauptraumes ist diesem hellblau gefaßten Stuck eine kühl-hellrote Fassung gegenübergestellt, die einzelne Partien der Stuckornamentik akzentuiert, sich dann vor allem als Farbe für die Fensterrahmungen findet, aber auch die Gurtbögen zwischen Kirchenschiff und Kapellenkranz markiert. Die Felder in den Gurtbögen des Kapellenkranzes bzw. der Durchbrüche vom Kirchenschiff in die Seitenkapellen hinein besitzen eine Grünfassung und tragen im Rhythmus der Bögen einen Farbwert, der vom Chor ausgehend die gesamte Kirche erfaßt. Die Kapitelle der Doppelpfeilerkonstruktionen zeigen neben Vergoldung und blau gefaßtem Stuck mit Rücklagen Puttenköpfe, deren durch Metallauflagen versilberte Flügel rote bzw. gelbe Lüsterung aufweisen.

Zur Vorbereitung der Restaurierung gehörten nicht nur die Voruntersuchung, sondern auch Arbeitsmuster der Werkstätten des Bayerischen Landesamtes für Denkmalpflege. Damit sollten die Rahmenbedingungen für das vorgesehene Restauratorenteam, Zeitaufwand und Schwierigkeitsgrad erkundet sowie Konservierungsmaterialien und -methoden getestet werden. So wurden von der Staubabnahme bis zur Retusche die verschiedensten Arbeitstechniken erprobt und unter den unterschiedlichen Bedingungen verschiedenartiger Materialien angewandt. Dabei hat sich unter anderem eine schadensfreie Abnahme späterer Goldausbesserungen mit Mordant als unmöglich erwiesen, weshalb diese Ausbesserungen beibehalten und gesichert wurden. Es mußte also versucht werden, den vorhandenen Bestand an Neuvergoldungen, Mordantvergoldungen der Jahrhundertwende sowie Polimentvergoldungen der Restaurierungen nach 1949 in die originale Farbfassung zu integrieren. Als sehr schwierig erwies sich auch eine Freilegung der nach 1949 überarbeiteten originalen Fassungspartien. Qualität und Methodik der Freilegung mußten also von Fall zu Fall überprüft, kontrolliert und in Beziehung zum übrigen Bestand gebracht werden, so daß im Ergebnis weitestgehend verlustfrei gearbeitet werden konnte.

Es stellte sich erneut heraus, daß der Restaurator nur auf der Grundlage der Analyse von Befund, Bestand und Zustand des Originals jeweils mit den optimalen Methoden der Konservierung und Restaurierung des Originals verantwortungsvoll arbeiten kann. So erforderte zum Beispiel die Retusche der Farbfassung großes Einfühlungsvermögen in jedes Detail, aber auch einen Überblick über den Gesamtkomplex der Fassungssysteme, um Überinterpretationen in Teilbereichen zu vermeiden.

Die sich aus den Arbeitsmustern der Restaurierungswerkstätten des Bayerischen Landesamtes für Denkmalpflege ergebenden Leistungen wurden in Form eines Leistungsbeschriebs für die Restaurierung der Raumfassung zusammengestellt. Ergebnis war ein Leistungsprogramm, das die konsequente Konservierung der originalen Fassungen bzw. der vorhandenen Fassungssysteme beinhaltete. Auch eine partielle Wiederherstellung verlorengegangener originaler Fassungspartien war Teil des Restaurierungskonzepts. Diese Kombination von Konservierung und Restaurierung durch die entsprechenden Methoden und Maßnahmen fand in allen Bereichen von der einfachen weißen Wandfassung bis zu den Vergoldungen ihre praktische Anwendung.

Die Arbeitsmethoden waren in der Wies im wesentlichen die gleichen, wie sie bei der Konservierung und Restaurierung von Wandmalerei Anwendung finden.

Nachdem die Schadensdokumentation und auch die notwendigen statischen Sicherungsmaßnahmen an den hölzernen Tragwerken abgeschlossen waren, wurden als nächste Schritte die Reinigung der Raumschale sowie die Sicherung der Putzflächen und der Stuckornamentik durchgeführt. Außerdem wurden die Fresken gesichert, einige wenige Stuckpartien ergänzt und wiederhergestellt. Die notwendige Konservierung und Restaurierung der Raumfassung sowie die Konservierung der Ausstattung, zu der ebenfalls umfangreiche Voruntersuchungen angestellt wurden, waren bis Ende 1990 ebenso abgeschlossen wie die 1989 begonnene Außenrestaurierung der Wieskirche.

Michael Petzet

Abb. 31. Wieskirche, Deckenfresko von Johann Baptist Zimmermann im Hauptraum (vollendet bis zur Weihe 1754), Himmel mit Christus als Weltenrichter auf dem Regenbogen.

Schlösser Augustusburg und Falkenlust in Brühl

Stellungnahme von ICOMOS zum Eintragungsvorschlag (Mai 1984)

Als Meisterwerk des Rokoko ist Schloß Augustusburg unmittelbar mit der Geschichte der großen europäischen Architektur in der ersten Hälfte des 18. Jahrhunderts verbunden. Schon 1715 hatte Joseph Clemens von Bayern, Kurfürst von Köln, sich vorgenommen, in Brühl auf den Fundamenten einer mittelalterlichen Burg ein großes Residenzschloß zu erbauen, für das Robert de Cotte, als man ihn darauf ansprach, die Entwurfspläne gezeichnet hatte. Aber dieses Projekt wurde zunächst nicht weiter verfolgt. Der neue Kurfürst Clemens August, weniger frankophil als sein Vater, verwarf die Vorschläge Robert de Cottes und wandte sich 1725 an einen westfälischen Architekten, Johann Konrad Schlaun, um das Schloß zu erbauen, das seinen Namen erhielt. Schlaun war drei Jahre lang am Werk. Bevor er 1728 entlassen wurde, errichtete er, weniger schöpferisch als sparsam im Umgang mit der noch erhaltenen Bausubstanz, ein dreiflügeliges Gebäude, in das er die Ruine der mittelalterlichen Burg und ihren Nordturm einbezog.

Unter dem ihm folgenden Architekten verstärkte sich wieder der französische Einfluß. Aber François Cuvilliés, den der Kurfürst von Bayern seinem Bruder in Köln auslieh, verkörperte die Richtung, die vom Klassizismus Robert de Cottes weit entfernt war. Seit 1724 Hofbaumeister in München, war er vor allem ein Meister des Ornaments, der, ähnlich seinem Schüler Meissonier, Asymmetrie und Erfindung zum System erhob. Seine barocken Neigungen, durch den Rocaillestil der Régence-Zeit belebt, waren in den Territorien des Reiches auf fruchtbaren Boden gefallen; dort, in Wien wie in München, triumphierte das Rokoko und ließ auf den Baustellen österreichische, bayerische, italienische und französische Künstler zusammenkommen.

Das aus dem glanzlosen Bauwerk Schlauns erfolgreich in zwanglose Kunst verwandelte Schloß Augustusburg und das aus dem Nichts geschaffene, blendende Jagdschlößchen Falkenlust gehören zu den besten Beispielen dieser, durch einen unerhörten künstlerischen Reichtum geprägten, internationalen Kunst.

Kernstück von Augustusburg ist die Treppe Balthasar Neumanns, die im Mittelflügel ihren Platz hat, ein Bravourstück, eine hinreißende Schöpfung, die in einer enthusiastischen Bewegung Marmor, Stuck, Jaspissäulen und Karyatiden davonträgt und in dem überwältigenden Deckenbild von Carlo Carlone gipfelt. Um sie herum gruppieren sich, in sinnvoll erdachter hierarchischer Ordnung, die Paradezimmer und die privaten Gemächer. Dem offiziellen Programm des «Neuen Großen Appartements» steht die intimere Dekoration des Sommerappartements mit seiner Wandverkleidung aus bemalten holländischen Kacheln gegenüber.

Das Lustschloß Falkenlust, mit polygonalem Mittelteil, in den im Erdgeschoß ein ovaler Salon eingeschrieben ist, spricht dieselbe Sprache bezaubernder künstlerischer Freiheiten und Überraschungen. In der Kapelle schuf Laporterie, ein Künstler aus Bordeaux, eine staunenerregende Meeresgrotte, deren Wände er mit Muscheln und Mineralien verkleidete.

Die Gartenanlagen, die ursprünglich aus einem Guß waren, kontrastieren und ergänzen heute einander. In der Nähe von Augustusburg bemühte sich Dominique Girard, ein Schüler von Le Nôtre, um schickliche Anordnung sich häufender Freitreppen und symmetrisch einander entsprechender Teppichbeete, ähnlich wie in den Gärten von Nymphenburg, von Schleißheim und in denen des Wiener Belvederes, die alle von ihm stammen. In der Nähe von Falkenlust dagegen soll die Landschaft, obwohl auch sie sehr bewußt gestaltet ist, den Eindruck des natürlich Gewachsenen vermitteln.

ICOMOS empfiehlt die Eintragung der Schlösser und der Gärten von Brühl in Anwendung der Kriterien II und IV. Kriterium II: Augustusburg und Falkenlust stellen die ersten bedeutenden Schöpfungen des Rokokostils in Deutschland dar. Sie waren über ein halbes Jahrhundert lang vorbildlich für eine Vielzahl deutscher Fürstenhöfe. – Kriterium IV: Wie die schon in die Liste des Welterbes eingetragene Würzburger Residenz sind auch die Schlösser und Gärten von Brühl ein herausragendes Beispiel der Schloßbaukunst des 18. Jahrhunderts.

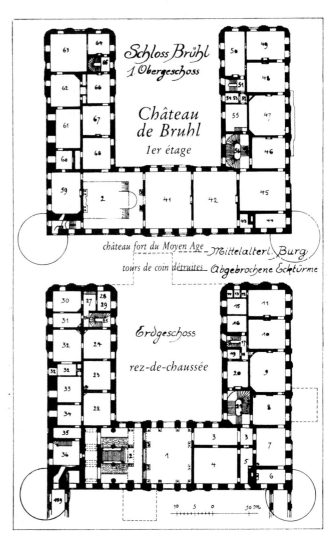

Abb. 32. Brühl, Schloß Augustusburg, Grundriß des Erdgeschosses und des ersten Obergeschosses.

Abb. 33. Brühl, Schloß Augustusburg, Blick von Südosten über das ▷ 1933/35 rekonstruierte Parterre und die Boskets auf das Schloß.

40

Zur Wiederherstellung des Gartenparterres von Schloß Augustusburg in Brühl

Schloß Augustusburg ist ein einzigartiges Zeugnis europäischen Kunstschaffens. Die Malereien, Stukkaturen, Schnitzereien und Kunstschmiedearbeiten im Inneren – Schöpfungen internationaler Künstler und Kunsthandwerker – zählen zu den Spitzenleistungen des 18. Jahrhunderts. Der Barockgarten ist heute eines der wenigen authentischen Beispiele klassischer französischer Gartenbaukunst außerhalb Frankreichs. Für die Restaurierung und Bauunterhaltung hat der Besitzer, das Land Nordrhein-Westfalen, von 1960 bis 1988 rund 38 Millionen DM aufgewendet. Zu den jüngsten Restaurierungsmaßnahmen zählen die Sicherung des Sommerspeisesaals mit seinem Fliesenschmuck (1985–1986), die Regenerierung des Gartenparterres (1984–1986) und die Neufassung des Hauptgebäudes (1986–1989).

Das Gartenparterre von Schloß Augustusburg in Brühl wurde 1933 bis 1935 durch die preußische Verwaltung der Staatlichen Schlösser und Gärten rekonstruiert. Als Grundlage für die Rekonstruktion des zweiteiligen Broderieparterres und der Rasenstücke bei der großen Fontaine diente der Originalplan Dominique Girards von 1728, der sich in Schloß Augustusburg befindet. Grabungen brachten damals die Fundamente der beiden Brunnen eines jeden Zierstücks zutage. Die Brunnen wurden ebenso erneuert wie die große Fontaine mit der Wassertreppe jenseits des Spiegelweihers, der sich an das Broderieparterre anschließt.

Zahlreiche Bombentreffer im Zweiten Weltkrieg beschädigten das Parterre erheblich. Die Ausbesserungen folgten nicht immer genau der Vorlage von Girard.

Um 1980 erwies sich eine Erneuerung der Zierbeete als unumgänglich, denn der Buchs der Ornamentpflanzungen zeigte akute Vergreisungserscheinungen; an zahllosen Stellen war er bereits verdorrt, so daß die Zeichnung der stickereiartigen Prunkbeete verloren zu gehen drohte.

Um das Parterre nicht gänzlich dem Verfall zu überlassen, versuchte die Schloßgärtnerei eine baumschulmäßige Regenerierung des Buchses. Fehlstellen wurden mit Jungpflanzen ergänzt, die aus ca. 30.000 Stecklingen von den besten Brühler Buchsbeständen herangezogen worden waren. Die gärtnerischen Pflege- und Erneuerungsmaßnahmen führten erfolgreich zu dem heutigen Bild eines völlig revitalisierten Parterres, dem bei entsprechender Pflege eine Überlebenschance von ca. 50 Jahren gegeben wird.

Das Rheinische Amt für Denkmalpflege erarbeitete für die Erneuerung des Parterres die kunst- und gartenhistorischen Grundlagen. Eine erneute Umzeichnung der Zierbeete nach dem Girardschen Plan erwies, daß bei der Rekonstruktion 1933/35 zahlreiche Einzelheiten des Ornamentbildes mißverstanden, vereinfacht oder gar nicht berücksichtigt worden waren. Vergröberungen bei der Beseitigung der Kriegsschäden kamen hinzu. Die Erneuerungs- und Regenerierungsnotwendigkeit des Buchses bot die Chance, die Ornamentpflanzung nach Girards Entwurf so detailgenau wie möglich zu korrigieren.

Das Restaurierungsprogramm, durchgeführt im Auftrag des Landes Nordrhein-Westfalen durch das Staatshochbauamt Köln, begann 1984. Zunächst wurde das Becken der großen Fontaine mit der Wassertreppe zum Spiegelweiher erneuert und die Rasenstücke bei der großen Fontaine restauriert. Die Schloßgärtnerei begann mit den Korrekturpflanzungen an den Buchsornamenten des Parterres; dieser Arbeit widmeten sich die Schloßgärtner mit großem Einfühlungsvermögen in die historischen Formen.

Verloren gegangen war die Farbgestaltung des Parterres mit toten Materialien: Sand für die Grundfläche, zerstoßene Kohle zur Ausfüllung der Buchsornamente, roter Ziegelsplit für Einfaßstreifen. Dieses Farbenensemble brachte die Pracht der gepflanzten Zierornamente erst zur vollen Entfaltung. Bei der Erneuerung 1985/86 wurden aus Kosten- und Pflegegründen haltbarere Materialien gewählt, als sie der Barock verwendete: statt Sand feiner Kies, statt Kohle Basaltsplit.

Die Sommer- und Herbstblumen der Rabatten, die die Zierbeete rahmen, werden seit 1984 wieder in der historisch geforderten rhythmischen Anordnung gepflanzt. Zur Zeit überwiegen hierbei noch moderne Züchtungen; es ist vorgesehen, schrittweise Pflanzenarten des 18. Jahrhunderts einzubringen.

Heute präsentiert sich das Brühler Gartenparterre – neben dem von Schloß Schwetzingen – als das authentischste Beispiel eines französischen Gartens außerhalb Frankreichs.

Wilfried Hansmann

Der Text ist eine vom Autor selbst redigierte Kurzfassung eines Beitrags in: Denkmalpflege im Rheinland, Jg. 1985, Heft 2.

Abb. 34. Brühl, Schloß Augustusburg, Blick aus dem Vestibül in das von Balthasar Neumann entworfene, mit Stuckmarmor verkleidete Treppenhaus. ▷

Abb. 35. Brühl, Schloß Falkenlust, erbaut als Jagdschloß nach Plänen von François Cuvilliés seit 1729.

Abb. 36. Brühl, Schloß Falkenlust, Blick zum Plafond des Treppenhauses mit Deckenstuck von Castelli und Carlo Pietro Morsegno (1732) und ▷
Falkenjagdszenen in blauer Grisaillemalerei von Stephan Laurenz de la Roque, Wanddekoration aus blau-weißen Kacheln mit bayerischem Rauten-
wappen.

Abb. 37. Brühl, Schloß Falkenlust, Grundrisse des Erdgeschosses und des Obergeschosses.

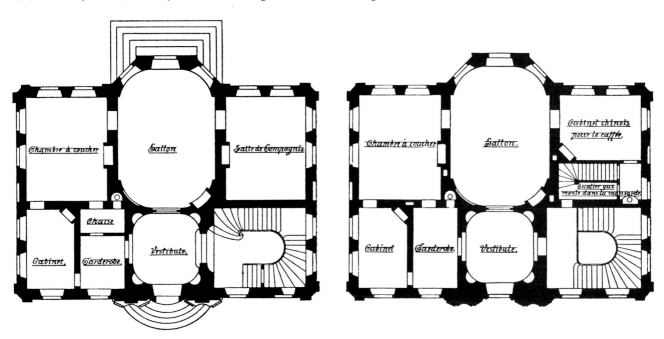

Dom und St. Michael zu Hildesheim

Stellungnahme von ICOMOS zum Eintragungsvorschlag (Juli 1985)

Die beiden hochbedeutenden, räumlich einander nahen und geschichtlich nicht voneinander zu trennenden Kirchen legen ein außergewöhnliches Zeugnis von der religiösen Kunst der Romanik im Heiligen Römischen Reich ab.

Die ehemalige Benediktinerabteikirche St. Michael, 1010–1022 von Bischof Bernward von Hildesheim erbaut, ist eines der Schlüsselwerke der mittelalterlichen Kunst. Der Grundriß der doppelchörigen Basilika ist durch strenge Symmetrie gekennzeichnet: Zwei Chören, einem im Osten und einem im Westen, ist je ein weit über die Seitenschiffe hinaus vorspringendes Querhaus vorgeschaltet; an ihren Giebelseiten erheben sich beiderseits schlanke Rundtürme, die mit den gedrungenen Vierungstürmen kontrastieren. Im Langhaus wechseln Viereckpfeiler mit paarweise gekuppelten, Würfelkapitelle tragenden Rundstützen ab. Dieser einem bis dahin unbekannten Rhythmus folgende, den Aufriß des Mittelschiffs bestimmende Stützenwechsel war eine der erfolgreichsten Erfindungen der ottonischen und der romanischen Kunst.

Der Maria geweihte, nach einem Brand 1046 neu erbaute Dom besitzt noch seine ursprüngliche Krypta. Die räumliche Gliederung des Langhauses mit dem charakteristischen Wechsel von einem Pfeiler und zwei Säulen orientiert sich an der von St. Michael, doch ist die Höhe gegenüber der Breite stärker betont.

St. Michael und der Dom bewahren eine außergewöhnlich große Zahl von historischen Ausstattungsstücken, die zusammengenommen einen einzigartigen Überblick über die Gestaltung und die Verteilung der Einrichtung einer Kirche, wie sie in romanischer Zeit üblich war, gewähren.

Hierzu gehören vor allem die 1015 datierten, Szenen aus der Schöpfungsgeschichte und aus dem Leben Christi darstellenden Bronzetüren und die Bronzesäule von etwa 1020, deren nach dem Vorbild der Trajansäule spiralförmig angeordnete Reliefbilder Episoden aus dem Neuen Testament zum Gegenstand haben. Diese beiden außergewöhnlichen Werke der Gießkunst, die ersten bedeutenden seit der Antike, waren von Bischof Bernward von Hildesheim in Auftrag gegeben worden und werden heute im Dom aufbewahrt.

Zu den erwähnten Ausstattungsstücken gehören ferner – um nur die wichtigsten zu nennen – die Lichtkrone Bischof Hezilos (1054–1079) und das Taufbecken Bischof Conrads (um 1225/30) aus vergoldeter Bronze im Dom.

Schließlich gehören hierzu, in St. Michael, die bemalten Stuckreliefs der Chorschranken und vor allem die erstaunliche, 27,8 m lange und 8,7 m breite bemalte Holzdecke, die das Mittelschiff abschließt und die Wurzel Jesse darstellt. Diese beiden Werke wurden nach der Heiligsprechung Bischof Bernwards im Jahr 1192 angefertigt, die Stuckreliefs in den letzten Jahren des 12. Jahrhunderts, die Decke um 1230. Die aus 1300 Einzelstücken bestehende Decke ist, zusammen mit der von Zillis (Schweiz), das einzige erhaltene Beispiel eines solchen, in höchstem Maß gefährdeten Werkes. Sie konnte 1943 geborgen und dadurch gerettet werden.

ICOMOS hatte 1982 starke Bedenken gegen die damals gewählte Form des Antrags, Hildesheim in die Liste des Welterbes aufzunehmen, geäußert. Es begrüßt nunmehr auf das Wärmste den neuen Eintragungsvorschlag.

Sankt Michael und der Dom von Hildesheim verdienen in der Tat aus mehreren Gründen, in die Liste des Welterbes aufgenommen zu werden, weil sie

Kriterium I: «eine einzigartige künstlerische Leistung darstellen» (dieses Kriterium gilt vor allem für die Bronzegüsse Bischof Bernwards und die bemalte Decke)

Kriterium II: «großen Einfluß ... auf die Entwicklung der Architektur ausgeübt haben» (dieses Kriterium kann vor allem auf St. Michael angewendet werden)

Kriterium III: «ein außergewöhnliches Zeugnis von einer untergegangenen Kultur ablegen». Die beiden Gebäude und die zu ihnen gehörenden Kunstschätze vermitteln in der Tat unter allen, die hier noch in Frage kämen, den umfassendsten und unmittelbarsten Zugang zum Verständnis der Einrichtung romanischer Kirchen im christlichen Abendland.

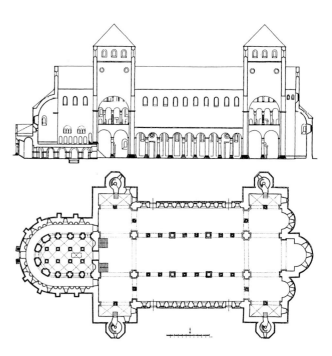

Abb. 38. St. Michael in Hildesheim, Längsschnitt und Grundriß der 1010–1022 von Bischof Bernward erbauten Kirche (Rekonstruktion von Beseler-Roggenkamp).

Abb. 39. St. Michael in Hildesheim, Innenansicht gegen Westen nach ▷ der bis 1960 mit dem Wiedereinbau der bemalten romanischen Holzdecke (Darstellung der Wurzel Jesse) abgeschlossenen Wiederherstellung.

Abb. 40. St. Michael in Hildesheim, Ansicht von Süden, nach den schweren Kriegszerstörungen von 1945 Wiederaufbau im Sinn der ursprünglichen ottonischen Baukonzeption mit dem Mitte des 17. Jahrhunderts abgebrochenen Ostchor und den Vierungstürmen.

150 Jahre Denkmalpflege an Dom und St. Michael in Hildesheim

Mit der Aufnahme in die Liste des Kulturerbes der Welt 1985 wurden zwei hochrangige Kulturdenkmale gewürdigt, zugleich aber auch 150 Jahre Denkmalpflege anerkannt. Das 19. Jahrhundert, an dessen Beginn die Säkularisation der Kirchengüter stand, machte sich um die Überlieferung der brüchigen Substanz verdient. 1840/49 erfolgte am Dom die Erneuerung des Westwerks. Zwei profilierte Architekten arbeiteten an St. Michaelis, 1855 bis 1857 Conrad Wilhelm Hase, 1907 bis 1910 Karl Mohrmann. Die durchgreifenden Zerstörungen des Zweiten Weltkrieges trafen beide Kirchen hart. Während am Dom bis zur Weihe 1960 Langschiff und Querhaus ergänzt und ein neues Westwerk geschaffen wurden, wurde an St. Michaelis bis zum gleichen Jahr eine Wiedergewinnung der ottonischen Baukonzeption versucht, vor allem durch Ausbau der seit dem 17. Jahrhundert verlorenen Vierungstürme und Ostapsiden, und unter Verzicht auf eine Wiederherstellung des baufälligen barocken Ostturms; 1979 wurde die Westkrypta als Gedenkstätte für den heiligen Bernward vorsichtig umgestaltet, 1986 die Deckenmalereien einer restauratorischen Sicherung unterzogen. Im Dom wurde 1988 die Restaurierung des Azzelin-Leuchters abgeschlossen.

Urs Boeck

Zur Bedeutung von St. Michael in Hildesheim

Die ehemalige Benediktinerkirche St. Michael wurde von Bernward, Bischof von Hildesheim, 1010–1022 erbaut. Veränderungen erfolgten mehrmals. Im 17. Jahrhundert betrafen diese besonders die Ostapsiden, die völlig verschwanden. Seit dem 19. Jahrhundert erstrebte man die Wiederherstellung der ottonischen Urform. Die Eingriffe des 17.–18. Jahrhunderts wollte man möglichst beseitigen, aber die Resultate waren ungenügend.

1945 kam es zu schweren Kriegsbeschädigungen. Namentlich Decken und Dächer gingen unter, und nördliche Teile des westlichen Querhauses. 1947/60 erfolgte eine Wiederherstellung. 1943 war die einzigartige Holzdecke des Mittelschiffs aus der ersten Hälfte des 13. Jahrhunderts geborgen worden. Sie wurde, aus 1300 Teilen bestehend, wieder eingebaut.

Die Restaurierung verfolgte konsequent das Ziel, den ursprünglichen Bau mit den Zutaten und Veränderungen des 13. Jahrhunderts wiederherzustellen.

Im Verein mit den Stuckierungen und Kapitellen des 12. Jahrhunderts wie in den Chorschranken der Zeit um 1230 war es möglich, ja geboten, den früheren Charakter anzustreben. Von der ursprünglichen Farbbehandlung der Wände war wenig wiederzuerkennen. Doch überzeugte der rot-weiße Schichten- bzw. Farbwechsel der Frühzeit und diente als Vorbild für eine allerdings zu deckend und schematisch ausgefallene neue Wandbehandlung. Im Äußeren kam es zum Neubau der drei Ostapsiden wie des westlichen Vierungsturmes, alles dies im 17. Jahrhundert verschwunden. Grabungen und zuverlässige Abbildungen des Zustands vor den Eingriffen des 17. Jahrhunderts ermöglichten die Rekonstruktion. Namentlich in der Ostpartie konnte man u. a. Vermauerungen entfernen, wie man dort auch den Vierungsturm «im romanischen Sinne» gestaltete.

Trotz aller Einschränkungen ist die grundsätzliche Haltung der Restaurierung zu bejahen. Die zerstörten Zutaten der nachromanischen Epochen waren im eigentlichen Kirchenraum nicht mehr zurückzugewinnen. Das Wiederfreimachen verstellter Öffnungen gibt dem Innern auch durch einige Ergänzungen jenen einmaligen Charakter wieder, den der beste Interpret, Hans Jantzen, derart umschreibt: «Angesichts der künstlerischen Mittel in St. Michael ist man versucht, von absoluter Architektur zu sprechen, insofern der Eindruck ausschließlich aus der vollkommenen Beherrschung architektonischer Verhältnisse zu entspringen scheint.» Als ein Höhepunkt der ottonischen

Abb. 41. St. Michael in Hildesheim, Blick in das südwestliche Querschiff.

Abb. 42. Dom zu Hildesheim, Christussäule im südlichen Querhaus, Bronzeguß um 1020, von Bischof Bernward für die Michaeliskirche geschaffen.

Architektur und als einzigartig in der europäischen Baukunst wird denn auch St. Michael nach dem Wiederaufbau in den wissenschaftlichen Standardwerken aufgeführt.

Zu dieser entschiedenen Verkörperung der Architektur tritt noch die sonst selten wiederzuerlebende des Bauherrn: In Bernward von Hildesheim, 1193 heilig gesprochen, sieht man mit Recht «einen der wichtigsten Träger der ottonischen künstlerischen Kultur» (Jantzen). Erzieher des jungen späteren Kaisers Otto III., konzentrierte er auf St. Michael in Hildesheim seine außerordentliche künstlerische Kraft. Man hat ihn zu Recht im Rang der Persönlichkeit mit Abt Suger von St. Denis verglichen. Als Grabkirche für Bernward bestimmt, bewahrt der Bau noch seinen Sarkophag, die Gruftplatte und die spätere Grabplatte. Mit den Kunstwerken Bernwards, die sich – wie die einzigartigen Bronzetürflügel – jetzt im Hildesheimer Dom befinden, und mit den durch die Überlieferung gesicherten Objekten verbinden sich die literarisch fest umrissenen Äußerungen seiner Kunstauffassung bis zur Bevorzugung des rot-weißen Farbwechsels. Er war eine der größten abendländischen Gestalten der Kunst um die Wende des ersten nachchristlichen Jahrtausends.

Auch als ein solches Gesamtkunstwerk besitzt St. Michael Weltrang. Alle Einbußen, Veränderungen, Wiederherstellungen vermochten es nicht, seinen Grundcharakter zu zerstören und ihm den Rang eines Schöpfungsbaus zu nehmen. Auch dies verlangt nach dessen Eingliederung unter die Elite des kulturellen Erbes der Welt.

Werner Bornheim gen. Schilling

Gekürzte Fassung eines Gutachtens, das nach der ablehnenden Stellungnahme von ICOMOS zum ersten, 1981 vorgelegten Eintragungsvorschlag angefertigt wurde. Literaturhinweise bei Johannes Sommer, St. Michael zu Hildesheim, Königstein/Taunus 1978.

Abb. 43. Dom zu Hildesheim, Innenansicht gegen Westen mit dem um 1060 unter Bischof Hezilo angefertigten Radleuchter.

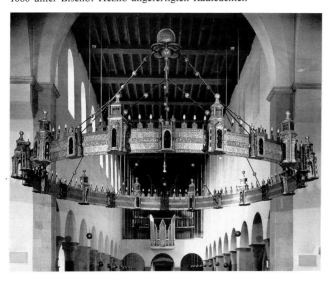

Abb. 44. Dom zu Hildesheim, Ansicht von Südosten mit Westwerk, ▷ dreischiffige Basilika erbaut nach einem Brand von 1046 (Weihe 1061), durch gotische Seitenkapellen erweitert, nach schweren Kriegsschäden von 1945 bis 1960 wiederhergestellt.

Römerbauten (mit Igeler Säule), Dom St. Peter und Liebfrauenkirche in Trier

Stellungnahme von ICOMOS zum Eintragungsvorschlag (April 1986)

Wenn Trier bisweilen «das zweite Rom» genannt wird, kann es diese Bezeichnung zwar erst nach der Teilung des Reiches durch Diokletian (286) und der Einführung der Tetrarchie (293) in Anspruch nehmen; doch die unter dem Namen Colonia Augusta Treverorum (nach dem von Cäsar unterworfenen keltischen Volksstamm der Treverer) gegründete Stadt hatte schon lang vor diesem Zeitpunkt eine ungewöhnliche Entwicklung genommen. Der ursprüngliche Siedlungskern der Stadt, deren regelmäßig angelegte insulae zum größten Teil unter der Herrschaft von Kaiser Claudius (41–54 n. Chr.) bebaut worden waren, hatte sich schon um die Mitte des zweiten Jahrhunderts so weit ausgedehnt, daß man eine 6500 m lange Stadtmauer mit mehr als 47 Wehrtürmen errichten konnte. Sie umschloß im Süden die Handwerkerviertel und die ersten Thermen, im Osten das in Verlängerung des decumanus maximus erbaute Amphitheater und wahrscheinlich auch schon ein Hippodrom (Kampfbahn für Wagenrennen). Etwa um dieselbe Zeit wie die Stadtmauer wurde in westlicher Verlängerung des decumanus eine Brücke über die Mosel aus Sandstein und Basalt errichtet, als Ersatz für eine ältere Brücke, deren Fundamente man aufgefunden hat.

Abb. 45. Trier, Mauern und Fundamente der spätantiken Doppelkirchenanlage mit den Grundrissen von Dom und Liebfrauenkirche (Plan von Th. K. Kempf).

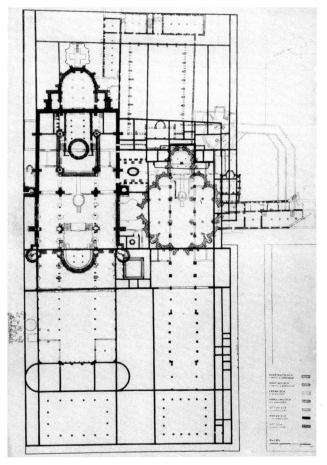

Außerhalb der Ummauerung, vor allem im Norden und Süden, entwickelten sich rasch ausgedehnte Gräberfelder. Die im Rheinischen Landesmuseum aufbewahrten Stelen und Pfeilergräber und die Igeler Säule, das in situ in einem kleinen Dorf südwestlich Trier erhaltene Grabmal der Tuchhändlerfamilie der Secundinier, bezeugen zum einen den wirtschaftlichen Reichtum der Stadt und ihre Bedeutung als Handelsplatz mit Verbindungen nach Mailand, Lyon und Bordeaux, zum anderen die Tätigkeit einer ortsansässigen Bildhauerwerkstatt von ausgeprägter Eigenart.

Zum ersten Mal Hauptstadt wurde Trier zwischen 258 und 268, als Postumus dort seinen Wohnsitz nahm, um den Franken und Alemannen, die den Limes bedrohten, zu begegnen. Nach der Reichsteilung 293 ließ sich Constantius Chlorus, dem Gallien und Britannien zugefallen waren, in Trier nieder und machte es damit auf Dauer zur Residenzstadt. Sein Sohn Konstantin entwarf 306 für die Stadt, die nun Treveris hieß, ein ehrgeiziges Aufbauprogramm: Das wiederhergestellte Amphitheater, zwei Thermen, der Circus maximus und die Baureste eines riesigen Kaiserpalastes, für dessen Anlage die Bebauung zweier insulae zerstört wurde, bezeugen eine klare politische Entscheidung auf der Grundlage eines neuen, durch die Vierteilung des Reiches gewonnenen Gleichgewichts.

Die Gründung Konstantinopels 330 änderte nichts an dieser neuen politischen Situation. Konstantin wählte Trier, als er 326 die zwanzigjährige Wiederkehr seiner Thronbesteigung feierte; er ließ zur Erinnerung daran die Doppelbasilika errichten, deren Nachfolgebauten Dom und Liebfrauenkirche sind. Nach dem Tod des großen Kaisers 337 blieb Trier der Wohnsitz seines Sohnes Konstantin II., dann der Valentinians und Gratians. Es war nicht nur eine der vier Hauptstädte des Reichs, sondern auch Sitz der Präfektur Gallien, eines riesigen Verwaltungsbereiches, der sich vom Germanischen Limes bis zum Atlantik und vom Hadrianswall bis an die Grenzen Mauretaniens erstreckte. Am Hof und an der Präfektur sammelten sich Einwohner aus den südlichen Provinzen, unter ihnen der aus Bordeaux kommende Ausonius, ein Vertrauter Gratians. Seit der Regierung Konstantins hatte Trier eine führende Rolle bei der Verbreitung des Christentums geführt: Laktanz war hier um 325 gestorben, der Erzieher des Kronprinzen Crispus; der hl. Hieronymus, der hl. Ambrosius und der hl. Martin von Tours hielten sich hier auf. Bedeutende, aus Aquitanien stammende Geistliche, Maximin, Paulin, Leontius, trugen zum Ruhm des bischöflichen Stuhles bei, den 328 Agritius aus Antiochien gegründet hatte.

Mit der Invasion der Goten begann der Niedergang Triers: Die Kaiserresidenz wurde nach Mailand verlegt, der Sitz der Präfektur Gallien nach Arles. Aber die historische Kontinuität blieb bestimmend für die Entwicklung der Stadt. Der Stadtplan geht in seinen Grundzügen auf die im 2. Jahrhundert getroffe-

Abb. 46. Trier, Porta Nigra (erbaut 270/80 n. Chr., zur Kirche umgebaut 1037–1042), Ansicht der Feldseite, links der um 1140 angebaute Chor. ▷

nen Festlegungen zurück, mit den beiden Hauptachsen des Cardo (Simeonstraße) und des Decumanus (Römerbrücke). Die wichtigsten Gebäude bleiben erhalten, einige in ihrer ursprünglichen Funktion, wie die Aula Palatina, in der Konstantin seine Audienzen gab, die dann Pfalz der Frankenkönige wurde und schließlich um 1200 an die Erzbischöfe fiel, die sie 1615–1647 dem Bau ihres kurfürstlichen Residenzschlosses eingliederten. Andere Gebäude wechselten ihre bauliche Gestalt, aber nicht ihre Zweckbestimmung: Die konstantinische Doppelbasilika wurde zwischen dem 11. und 13. Jahrhundert größtenteils durch Neubauten ersetzt; an der Lage des religiösen Zentrums der Stadt, das sie bildeten, änderte sich damit aber nichts. Die meisten der heidnischen Monumentalgebäude wurde allerdings dadurch vor ihrer Zerstörung bewahrt, daß man sie im Mittelalter einer neuen Zweckbestimmung zuführte: So wurden die Horrea (Getreidespeicher) in das Nonnenkloster St. Irminen eingegliedert und die berühmte Porta nigra im 11. Jahrhundert in eine Kirche umgewandelt.

Die Trierer Römerbauten und die aus ihren Ruinen erwachsenen, von ihnen nicht zu trennenden christlichen Nachfolgebauten verdienen es, in Anwendung der Kriterien I, III, IV und VI in die Liste des Kultur- und Naturerbes der Welt aufgenommen zu werden.

Kriterium I.   Die Porta nigra, ein monumentales befestigtes Tor aus Quadermauerwerk mit zwei halbkreisförmig vorspringenden, viergeschossigen Türmen ist ein einzigartiges Werk der römischen Architektur des 2. Jahrhunderts. Von den durch Erzbischof Poppo 1034–1042 in ihren Mauern eingerichteten zwei übereinander liegenden Kirchen sind der zugehörige, doppelgeschossige Kreuzgang und der um 1150 angebaute Chor er-

halten; sie erhöhen die geschichtliche Bedeutung des Denkmals.

Kriterium III.   Trier liefert, durch die Dichte und die bauliche Qualität der erhaltenen Denkmäler: Brücke, Reste der Stadtbefestigung, Thermen, Amphitheater, Speicherhäuser usw. ein außergewöhnliches Zeugnis der römischen Zivilisation. Die Grabmalkunst – von der im Eintragungsvorschlag die Igeler Säule zeugt – sowie die handwerklichen Erzeugnisse der Töpfer, Glaser und Münzer erreichten ein ungewöhnlich hohes Niveau.

Kriterium IV.   Trier ist, vergleichbar Istanbul, das Beispiel einer großen römischen Hauptstadt nach der Reichsteilung: Die Reste des kaiserlichen Palastes, mit der Aula Palatina und den Kaiserthermen (die größten im Römischen Reich nach denen Diokletians und Caracallas in Rom) beeindrucken durch ihre riesenhaften Ausmaße. Die unter der Nordhälfte der Doppelbasilika (dem heutigen Dom) gefundenen Fragmente einer bemalten Decke, auf der man Mitglieder der kaiserlichen Familie (Helena und Fausta?) zu erkennen glaubt, bezeugen ihrerseits den höfischen Charakter der Architektur.

Kriterium VI.   Trier ist direkt und materiell mit einem der wichtigsten Ereignissen der Menschheitsgeschichte verbunden: mit dem Feldzug Konstantins gegen Maxentius im Jahr 312, dessen Folge die Anerkennung des Christentums als Staatsreligion des Römischen Reiches durch das Edikt von Mailand 313 war.

Abb. 47. Trier, Barbarathermen, Grundriß des Erdgeschosses.

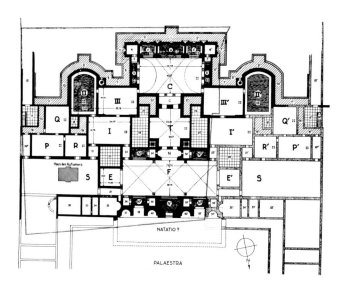

Abb. 48. Trier, Porta Nigra, Grundriß mit mittelalterlichen Anbauten (schräg schraffiert) und der durch Grabungen festgestellten älteren Bebauung.

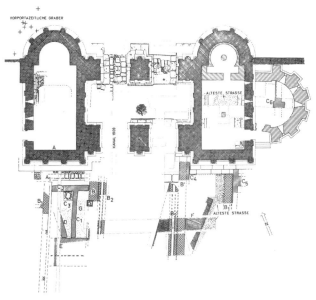

PORTA MARTIS, ET NIGRA ROMANORVM
Nunc in Templum Canonicale S. Simeonis
Transformata

Abb. 49. Trier, Porta Nigra als Simeonstiftskirche, Kupferstich von C. Merian um 1660, Stadtseite: das Erdgeschoß hinter einer Aufschüttung mit Treppenanlage, rechts der um 1140 angebaute Chor.

Abb. 50. Trier, Porta Nigra, Stadtseite.

Die Restaurierung der Igeler Säule

1985 und 1986 wurde die Igeler Säule in Igel (Kreis Trier-Saarburg) restauriert. Sie ist ein durch seine monumentale Höhe von 23 m und durch seinen reichen Reliefschmuck in Mitteleuropa einzigartiges Denkmal römischer Kultur. Das Monument wurde um 250 n. Chr. von der Familie der Secundinier errichtet, einer Großgrundbesitzer- und Tuchhändlerdynastie, die vermutlich in unmittelbarer Nähe ihre Villa hatte. Die Igeler Säule ist ein Pfeilergrabdenkmal in der Nähe von Bestattungen; sie diente nicht als Grabbau.

In erster Linie familiärem Totengedenken geweiht, spiegelt die Thematik der Reliefs die synkretistische Heroen- und Götterwelt der römischen Spätantike. Hinzu kommen aber auch Szenen aus der Lebens- und Arbeitswelt einer wohlhabenden Trevererfamilie, die von der fremden Kolonialmacht materiell und kulturell profitierte. Die in Spuren nachweisbare und anläßlich der Restaurierung analysierte leuchtende Farbfassung des Monuments dürfte aber auch eine wirkungsvolle Reklame an der Handelsstraße von Trier nach Metz gewesen sein, die für wirtschaftliche Unternehmungen der Secundinier warb.

Da man im Mittelalter das Hauptrelief als Vermählung der hl. Helena mit dem Imperator Constantius Chlorus interpretierte, blieb die Igeler Säule unzerstört, auch wenn ihre Metallverklammerungen ausgebrochen und geplündert wurden. Vermutlich waren es Grabräuber, die große Breschen in das Monument trieben und die dann die Vergeblichkeit ihres Tuns einsehen mußten.

In einer ersten Restaurierungsmaßnahme ließ 1765 der luxemburgische Architekt und Antiquar Theodore Rorent diese Ausbrüche schließen. Vermutlich bewahrte dies die Igeler Säule vor dem Einsturz. Eine Beschreibung aus dem Jahre 1829 von Carl Osterwald erwähnt schwere Verwitterungsschäden an der Oberfläche der Reliefs, die damals der Dorfjugend von Igel als Ziel für Steinwürfe und Flintenschüsse dienten. Das beschriebene Schadensbild gleicht bereits im Prinzip dem, das 1985 vorgefunden wurde: «Viele Werkstücke haben aller Einwirkung Trotz geboten, andere sind in dünne Schalen ausgelöst, noch andere haben sich bis auf eine gewisse Tiefe in Sand aufgelöst».

Auch die Restaurierungsmaßnahmen von 1879 und 1907/08 waren von dem Unvermögen gekennzeichnet, den Zerfall des gelben, in der Nähe anstehenden Sandsteins aufzuhalten. Man füllte die tiefen Löcher in den Reliefs mit Zement und farblich nicht passenden Rotsandsteinbrocken. Die Bekrönung und die zerbröckelnden Gesimse erhielten Bleiabdeckungen, die vor dem eindringenden Regenwasser schützen sollten, die aber auch das Monument entstellten.

Nach der Einrüstung und der Entfernung der Bleiabdeckungen im Jahre 1985 zeigte sich, daß der Steinzerfall wesentlich weiter fortgeschritten war, als man vorher annahm. Fast überall mußten abplatzende und hohlliegende Sandsteinschichten und absandende Steinoberflächen festgestellt werden. Eindringendes Regenwasser hatte Frostsprengungen verursacht. Die fragmentarisch erhaltene Bekrönung der Igeler Säule stellte einst den Raub Ganymeds durch den Adler des Jupiter dar. Erhalten blieben ein monumentaler Pinienzapfen, der die Gruppe trug, sowie große Teile des Adlers mit weit ausgebreiteten Flügeln und Gewandreste des Hirtenknaben. Nach Entfernung der Bleiabdeckungen, die den Adler und den Pinienzapfen wie ein Regenmantel entstellend umhüllten, zeigte sich, daß der mit senkrecht verlaufenden Schichtungen verarbeitete monumentale Sandsteinblock so verwittert war, daß die härteren, stehengebliebenen Schichten nur noch schwach miteinander verbunden waren. Bei der Restaurierung 1907/08 hatte man der Gruppe mit großen Eisenbügeln Halt gegeben.

Die jüngsten Restaurierungsmaßnahmen an der Igeler Säule wurden vom Landesamt für Denkmalpflege Rheinland-Pfalz, Verwaltung der staatlichen Schlösser, zusammen mit Dr. Rolf Snethlage – Zentrallabor der Restaurierungswerkstätten des Bayerischen Landesamtes für Denkmalpflege – und mit Restaurator Rolf Wihr – Leiter der Steinrestaurierungswerkstatt des Bayerischen Landesamtes für Denkmalpflege, Außenstelle Bamberg – konzipiert. Die Restaurierung wurde durch die Steinrestaurierungswerkstatt Bertolin ausgeführt, die Bauleitung hatte das Staatsbauamt Trier Nord.

Leitidee der Restaurierung war, daß auch die Verwitterungen und Beschädigungen der Igeler Säule wichtiges Zeugnis einer

Abb. 51. Die Bekrönung der Igeler Säule vor der Konservierung.

Abb. 52. Igeler Säule bei Trier, errichtet als Grabdenkmal der Secundinii um 250 n. Chr., Südseite mit Darstellung der Stifterfamilie. ▷

über 1700jährigen Geschichte des Monuments sind. Die Igeler Säule ist nicht nur Denkmal der Kultur des Imperium Romanum, sondern sie veranschaulicht auch eine jahrhundertelange Auseinandersetzung mit einem Kulturdenkmal, das inhaltlich nicht mehr verstanden wurde, aber durch seine Monumentalität und durch die ablesbare Würde seines Alters beeindruckte. Dies fand schließlich Niederschlag in Goethes mehrfacher Auseinandersetzung mit dem römischen Monument. Bei der Restaurierung kam deshalb die Wiederherstellung eines vermuteten Urzustandes nicht in Frage, obgleich der Wunsch nach einer Rekonstruktion der nachweisbaren Farbigkeit mehrfach in den Medien geäußert wurde, um die abgewitterten Reliefs klarer erkennbar zu machen. Bei der Restaurierung ging man aber davon aus, daß die Patina des Alters nicht verloren gehen dürfe.

Im ersten Arbeitsschritt wurden die gefährdeten Partien der Sandsteinoberfläche vorgefestigt, um dann eine Beseitigung der abgelagerten Schmutzkrusten mit Dampf und Wasserflutung möglich zu machen. Die Hinterfüllung hohl liegender Sandsteinschalen und die Festigung absandender Oberflächen schlossen sich an. Mörtel- und Steinausflickungen der beiden letzten Restaurierungen wurden weitgehend herausgenommen. Diese Fehlstellen wurden dann mit Mineros geschlossen. Um das durch die älteren Restaurierungen empfindlich gestörte Gesamtbild zu verbessern, ergänzte man das Fugennetz der mächtigen Sandsteinquader auch über die neu aufgefüllten Steinflächen. Bewußt wurde aber auf Reliefergänzungen verzichtet. Dies erfolgte nur in ganz geringem Umfang dort, wo tiefe Ausbrüche in den einzelnen Relieffiguren das Eindringen von Regenwasser erlaubten. Die Oberflächen der Igeler Säule wurden mit Kieselsäureester gefestigt.

Bei den Restaurierungsmaßnahmen wurden aber nicht die alteren Ausflickungen von 1765 beseitigt, die Lorent in Rotsandstein ausführen ließ; sie sind frühe und wichtige Zeugnisse öffentlicher Denkmalpflege. Die Quaderausflickungen am Sockel und die Reparaturen an einer Ecke des geschweiften Schuppenhelmes der Igeler Säule blieben erhalten – Fehlstellen, die bereits auf dem kleinen Gußeisenmodell in Goethes Besitz erkennbar sind.

Die Gesimse der Igeler Säule erhielten eine neue Bleiabdeckung gegen eindringendes Regenwasser. Hier folgte man nicht mehr dem willkürlichen Verlauf der Verwitterungen, sondern zog die Gesimsprofile waagrecht durch, zum Teil auf einem Metallunterbau. Durch diese funktional notwendigen Metallergänzungen konnten somit die abgewitterten Gesimslinien wieder stärker betont werden.

Die Bekrönung der Igeler Säule mit dem Pinienzapfen und dem Fragment der Adler- und Ganymedgruppe war in einem konservatorisch und statisch fast hoffnungslosen Zustand. Es wurde die Möglichkeit diskutiert, die Bekrönung durch eine Kopie zu ersetzen. Damit hätte man aber die Igeler Säule um einen Teil ihrer Originalsubstanz beraubt und das abgenommene Fragment einem ungewissen Schicksal in Museumsmagazinen überantwortet. Zu Recht entschied man sich dazu, die originale Bekrönung an ihrem ursprünglichen Platz zu erhalten. Um dies angesichts des desolaten Erhaltungszustandes zu ermöglichen, wurde der riesige, mürbe Sandsteinblock bruchsicher verpackt, abgenommen und einer Acrylharzvolltränkung unterzogen. Es wurde aber keineswegs ein Kunststoffblock auf den Helm der Igeler Säule aufgesetzt, wie Zeitungsbeiträge befürchteten. Die Bekrönungsgruppe gewann eine solche Festigkeit zurück, daß auf die entstellenden Bleiabdeckungen verzichtet werden konnte.

Die Bauherrn hatten einst die schwere Bekrönung ohne Dübel und Mörtel auf den Schuppenhelm der Säule gesetzt. Ihrem Schicksalsvertrauen mochte man heute nicht mehr folgen. Ein mächtiger Dübel aus rostfreiem Stahl, der die Adlergruppe mit dem Helm verbindet, bewahrt nunmehr die Einwohner von Igel davor, von Jupiters Adler erschlagen zu werden.

Jan Meißner

Nachdruck aus: Denkmalpflege in Rheinland-Pfalz, 1985–1986, Worms 1988, S. 339 ff. – Literatur: H. Dragendorf und E. Krüger, Das Grabmal von Igel, Trier 1924. – E. Wackenroder und H. Neu, Die Kunstdenkmäler des Landkreises Trier, Düsseldorf 1936, S. 163 ff. – H. Kähler, Die rheinischen Pfeilergrabmäler, in: Bonner Jahrbücher 139 (1934), S. 145 ff. – E. Zahn, Die Igeler Säule bei Trier, Rheinische Kunststätten Heft 6/7 1968. – E. Zahn, Die neue Rekonstruktionszeichnung der Igeler Säule, in: Trierer Zeitschrift 31 (1968). – J. Mersch, La Colonne d'Igel / Das Denkmal von Igel, Luxembourg 1985 (mit Bibliographie). – Über die jüngste Restaurierung berichtet H. Cüppers in: Für das nächste Jahrtausend gesichert? Jahrbuch des Kreises Trier-Saarburg 1988, S. 32–35.

Abb. 53. Trier, Alte Moselbrücke (Oberstromseite), Pfeiler um 230/40 n. Chr., Bögen 14. Jahrhundert, verbreitert 1938.   ▷

Abb. 54. Trier, Amphitheater, Blick in die Arena nach Süden.   ▷

Abb. 55. Trier, Kaiserthermen, Ostkonche des Caldariums nach der Teilrekonstruktion 1983/84.

Abb. 56. Trier, Palastaula Kaiser Konstantins, der nach Kriegszerstörung 1954/56 neu gestaltete Innenraum.

Abb. 57. Trier, Dom, Doppelturmfront mit Westchor, erbaut 1040–1075 anstelle des Langhauses der Konstantinischen Nordkirche, Südturm um 1520 aufgestockt.

Die Doppelkirchenanlage Dom St. Peter und Liebfrauen in Trier

Der Trierer St. Peters-Dom und die unmittelbar an seiner Süd-seite liegende Pfarrkirche Unserer Lieben Frauen und St. Lau-rentius bilden seit ihrer Gründung in der ersten Hälfte des 4. Jahrhunderts bis heute eine Doppelkirchenanlage. Diese An-lage, die größte ihrer Art in der damaligen Zeit, geht auf Kaiser Konstantin den Großen zurück. Die Nordkirche, der heutige Dom, enthält in seinem 40 m x 40 m großen Quadratbau einen beträchtlichen Rest der spätantiken Kirchenanlage; das aufge-hende Mauerwerk reicht zum Teil noch bis in eine Höhe von an die 30 m. Die ursprüngliche Grundrißgestalt von Nord- und Südkirche konnte durch Ausgrabungen weitgehend gesichert werden.

Städtebildlich ist die Doppelkirchenanlage von Dom und Liebfrauen eingebettet in das noch relativ unverletzte Ensemble der mittelalterlichen und barocken Dom-Immunität. Sogar die ehemalige Umfassungsmauer aus der Zeit um das Jahr 1000 läßt sich im Stadtbild ablesen und ist streckenweise erhalten.

Beide Kirchen sind im Lauf ihrer wechselvollen Geschichte viele Male zerstört, wiederaufgebaut, umgebaut und verändert worden. Die wichtigsten baugeschichtlichen Veränderungen des Doms seien kurz aufgezählt:

Der im 5. Jahrhundert durch Brand vernichtete Innenausbau des Quadratbaues wurde in der Mitte des 6. Jahrhunderts wie-derhergestellt. Als Ersatz für die gestürzten monolitischen Gra-nitsäulen wurden ältere Säulen aus einem römischen Tempel eingebaut.

Erzbischof Egbert (977–993) «ummantelte» 989 und 990 die beiden südlichen Säulen mit gewaltigen Kalksteinquadern mit Ziegeldurchschuß und verwandelte so die Säulen in kreuzför-mige Pfeiler. Diese Veränderung wurde bei allen weiteren Bau-maßnahmen respektiert und weitergeführt.

Erzbischof Poppo v. Babenberg (1016–1047) führte das Werk der Restauration des römischen Quadratbaues weiter (1030–1037), setzte den gewaltigen Westbau mit Apside und vier Türmen davor und gab dem Innenraum jene einmalige Gliederung mit den wechselnden Interkolumnien A-B-A-B-A.

Nach der Mitte des 12. Jahrhunderts begann Erzbischof Hil-lin (1152–1169) mit dem Bau eines neuen Ostchores, der am 1. Mai 1196 eingeweiht wurde. Im Anschluß wurde der ganze Dom in frühgotischer Weise nach zisterziensischer Art gewölbt.

Die Veränderungen des Barock betreffen den Anbau einer zentralbauartigen Reliquienkapelle am Scheitel der Ostapsis und den Einbau eines fluchtenden Querschiffes unter Verwen-dung von Bauteilen und Bauformen der Spätromanik.

Die Innenausstattung enthält Monumente vom 12. Jahrhun-dert, über Gotik, Renaissance, Manierismus, Barock, bis zur Gegenwart. Der Trierer Dom dient seit der ersten Hälfte des 4. Jahrhunderts bis heute so gut wie ununterbrochen dem Got-tesdienst.

Die Restaurierungen des 19. Jahrhunderts brachten Verluste an barocker Substanz und versuchten, dem Dom ein mehr mit-telalterliches Gepräge zu geben. Die im 17. Jahrhundert begon-nene Erforschung des Domes (A. Wiltheim) wurde fortgesetzt, nun mit den Mitteln der exakten Archäologie (N. von Wil-mowsky). Die Untersuchungen von K. Th. Kempf begannen 1943; sie führten u. a. zur Erkenntnis der Existenz einer kon-stantinischen Doppelkirchenanlage.

Als sich 1959 zeigte, daß der Trierer Dom in seiner Bausub-stanz gefährdet war, – es hatten sich Steine im Gewölbe ge-lockert –, wurde er zunächst mit Notankern gesichert. Es folg-ten die Erneuerung der Fundamente, die Auswechslung der Gurtbögen und die Injizierung des mürbe gewordenen Mauer-werks. – Zur endgültigen Restaurierung und Anpassung an die erneuerte Liturgie wurde 1968 ein Architektenwettbewerb aus-geschrieben. Den Auftrag erhielten Gottfried Böhm und Niko-laus Rosiny (Köln). Die Restaurierungen lagen zum weitaus größten Teil bei den Polnischen Staatswerkstätten (PKZ); auch deutsche Werkstätten waren beteiligt. So konnte in einer bilder-stürmerisch bewegten Zeit das gesamte Inventar gerettet und re-stauriert werden. Unter diesen Maßnahmen sei besonders die Wieder-Öffnung des wolkenumsäumten Fensters (im 19. Jahr-hundert zugemauert) genannt, das die optische und ikonologi-sche Verbindung vom Dominnern in die an den Scheitel der Ostapsis gebaute Reliquienkapelle mit der Tunica Christi her-stellt.

Auf der Südseite des Domes liegt die gotische Liebfrauenkir-che, die in den 1230er Jahren begonnen und wohl kurz nach 1260 vollendet wurde. Sie hat ihre architekturgeschichtlichen Wurzeln in der französischen Gotik der Champagne und der Ile-de-France. Der Zentralbau der Liebfrauenkirche erhebt sich auf den Fundamenten der Südkirche der spätantiken Doppel-kirchenanlage. Die Südkirche bestand mit gewissen baulichen Veränderungen, vor allem des 10. Jahrhunderts, bis zum Be-ginn der gotischen Kirche.

Die Liebfrauenkirche besitzt einen reichen Figurenzyklus aus der Erbauungszeit. Stilistisch schließen sich die Figuren an ge-wisse Ateliers von Reims und anderen Orten der Champagne an. Der ikonographische Zyklus reicht von den Patriarchen und Propheten des alten Testamentes über Menschwerdung und Passion Christi bis hin zur Vollendung, die dargestellt ist unter dem Zeichen der Krönung Marias.

Wie auch der Dom hatte die Liebfrauenkirche durch Flieger-bomben Schaden genommen. Nach der Sicherung und Restau-rierung des Kirchengebäudes wurde bereits 1950 die Kirche mit einer liturgischen Neuordnung des Altar- und Gemeinderaumes wiedereröffnet, die die Bestimmungen des II. Vatikanischen Konzils vorwegnahm. Die neugotische Einrichtung und Vergla-sung war verlorengegangen. Die Notverglasung wurde in ver-schiedenen Abschnitten (unter Hilfestellung der französischen Garnison) durch eine künstlerische Neuverglasung nach Ent-würfen von Le Chevalier ersetzt. – Der bedeutende Figuren-zyklus aus der Erbauungszeit, nach 1913 ins Berliner Museum (teils rückgeführt in das Dom- und Diözesanmuseum Trier) ge-langt, war durch gute Kopien ersetzt und komplettiert worden. Diese Kopien wurden im letzten Krieg weitgehend vernichtet. So entschloß man sich, den Figurenzyklus durch Abgüsse im Steingußverfahren wiederherzustellen; dazu werden zwei Neu-anfertigungen kommen.

Franz Ronig

Literatur: Fr. Ronig (Redaktion), Der Trierer Dom, Jahrbuch 1978/79 des Rheinischen Vereins für Denkmalpflege und Landschaftsschutz, Neuß 1980 (mit Bibliographie). – N. Borger-Keweloh, Die Liebfrauen-kirche in Trier, Studien zur Baugeschichte (Trierer Zeitschrift, Beiheft 8), Trier 1986 (mit Literaturverzeichnis).

Abb. 58. Trier, Außenansicht des Chors der 1235–1253 über den Fundamenten der Konstantinischen Südkirche erbauten Liebfrauenkirche, rechts die Südseite des Doms.

Abb. 59. Trier, Dom, Blick aus dem nördlichen Seitenschiff nach Südosten, Gewölbe spätromanisch (1217 in Arbeit), Altäre 16.–18. Jahrhundert. ▷

Abb. 60. Trier, Liebfrauenkirche, Blick durch die Vierung in den Ostchor. ▷ ▷

Altstadt von Lübeck

Stellungnahme von ICOMOS zum ersten Eintragungsvorschlag (Mai 1983)

1143 von Heinrich dem Löwen in Insellage nahe der Ostseeküste gegründet, war Lübeck von 1230 bis 1535 eine der führenden Städte der Hanse, einer Vereinigung von Warenhandel treibenden Städten, der es gelang, sich das Handelsmonopol für Ost- und Nordsee zu sichern, während zur gleichen Zeit Venedig und Genua das Mittelmeer beherrschten.

Der Stadtgrundriß Lübecks ist gekennzeichnet durch zwei parallel zueinander auf dem Kamm der Insel laufende Hauptstraßen, von denen Querrippen abzweigen. Er geht bis in die Gründungszeit zurück und ist Zeugnis des raschen Wachstums der Stadt, die die Drehscheibe des Handels in Nordeuropa war. Im Westen lag das Viertel mit den Kontor- und Wohnhäusern der wohlhabenden Kaufleute, im Osten das der Kleingewerbetreibenden und Handwerker. Die sehr ausgeprägte wirtschaftliche und gesellschaftliche Differenzierung wurde darüber hinaus deutlich in der Anordnung der «Buden», kleiner Werkstätten, die sich auf dem rückwärtigen Teil der Grundstücke der Kaufmannshäuser befanden und zu denen ein enges Netz von «Gängen» Zugang verschaffte. Eine andere Art der Aufteilung von Hinterhöfen bildeten die Stiftungshöfe; sie veranschaulichten das charitativem Handeln verpflichtete Bewußtsein der Kaufleute, die hier verarmte Witwen verstorbener Standesgenossen unterbrachten.

Lübeck blieb so bis vor nicht langer Zeit (trotz umstrittener Maßnahmen wie der Errichtung eines Justizgebäudes im Bereich des Burgklosters im 19. Jahrhundert) ein charakteristisches Stadtdenkmal mit kennzeichnenden historischen Strukturmerkmalen, und seine Aufnahme in die Liste des Welterbes nach Kriterium IV der Richtlinien (herausragendes Beispiel eines Siedlungstyps, das eine bedeutende historische Situation veranschaulicht) wäre voll gerechtfertigt gewesen. Aber die Stadt ist im Zweiten Weltkrieg hart getroffen und zu etwa einem Fünftel zerstört worden, und zwar ausgerechnet in den Bereichen, in denen sich die berühmtesten Denkmäler befanden: Dom, Peterskirche, Marienkirche und das «Gründungsviertel» mit den Giebelhäusern der reichen Kaufleute. Der Wiederaufbau erfolgte selektiv. Er führte zur Wiederherstellung der Kirchen und der wichtigsten Profanbauten, doch die zerstörten Gewerbe- und Wohnviertel «wurden im Sinne modernen Städtebaus neu geordnet, teilweise in rigoroser Verletzung des historischen Stadtgrundrisses und seiner kleinteiligen Parzellenstruktur» (vgl. Michael Brix, Konflikt zwischen Altstadt und moderner City, in: Denkmalpflege in der Bundesrepublik Deutschland, ein Beitrag zum Europäischen Denkmalschutzjahr 1975).

Zu beklagen sind insbesondere die Errichtung eines Berufsschulzentrums im alten Kaufleuteviertel, die Umplanung der Umgebung der Marienkirche, die Verbreiterung der Mengstraße, die umstrittene Umnutzung der Salzspeicher in den Jahren nach 1950. Noch 1973/1974 wurden im Zuge dieser Altstadtsanierung in der Fleischhauerstraße, in unmittelbarer Nähe von Marienkirche und Rathaus, Häuser, die der Krieg verschont hatte, zerstört.

ICOMOS ist der Ansicht, daß diese weitgehende Veränderung des Stadtgrundrisses mit dem Kriterium Authentizität, das bei jeder Aufnahme eines Denkmals in die Liste des Welterbes zu berücksichtigen ist, nicht zu vereinbaren ist. ICOMOS empfiehlt, einen neuen Eintragungsvorschlag auszuarbeiten. Bestimmte begrenzte Bereiche von Lübeck, der Untergrund Hamburgs, der sich bei archäologischen Grabungen als so außergewöhnlich reich erwies, Teile der Niederlassungen der Hanse in Bremen, Bergen und Nowgorod könnten wahrscheinlich, wenn sich die betreffenden Staaten zu gemeinsamem Vorgehen entschließen würden, es ermöglichen, der internationalen Bedeutung der Hanse und dem Platz, den sie in der Geschichte des Handels einnimmt, die ihr gebührende Anerkennung zu verschaffen.

Abb. 61. Lübeck, die Altstadt 1824 (nach H. L. Behrens). ▷

Abb. 62. Lübeck von Osten, kolorierte Radierung im Städtebuch von Braun und Hogenberg, 1572.

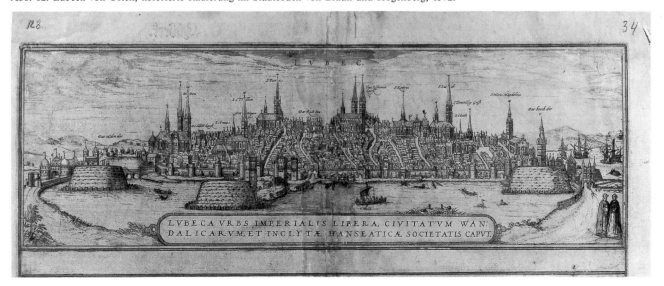

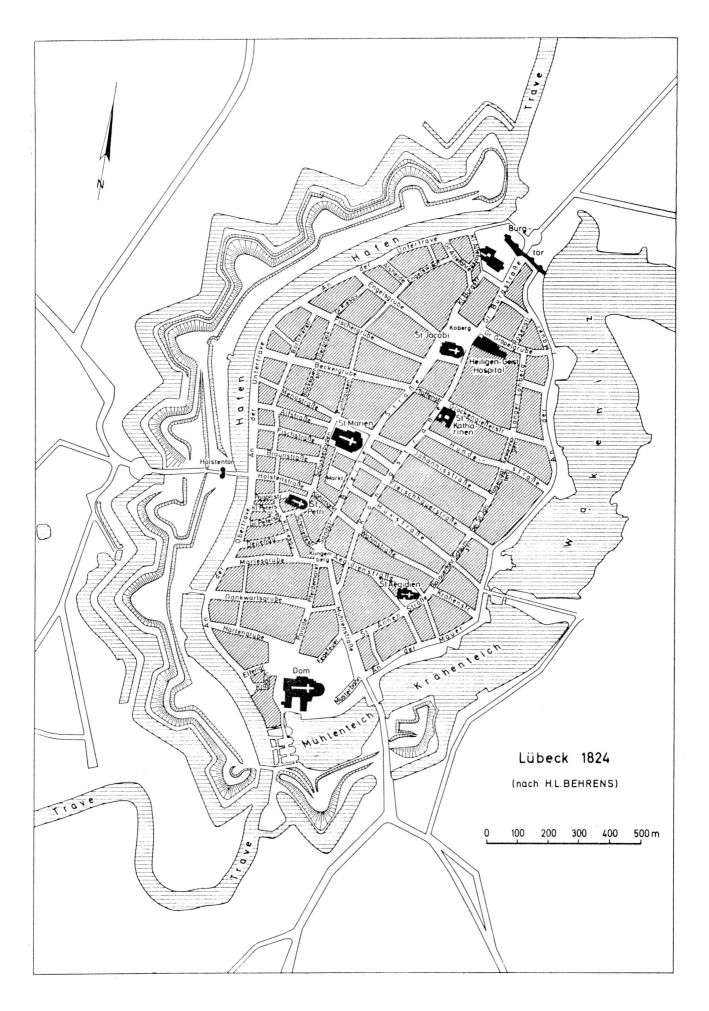

Lübeck 1824

(nach H.L. BEHRENS)

0   100   200   300   400   500 m

Stellungnahme von ICOMOS zum zweiten Eintragungsvorschlag (April 1987)

1983 hatte das Büro empfohlen, über den Antrag, Lübeck in die Liste des Welterbes einzutragen, nicht zu entscheiden, mit der Begründung, daß weite Teile der Stadt durch die Art und Weise des Wiederaufbaus nach dem Zweiten Weltkrieg ihren historischen Charakter verloren hätten. Es hatte vorgeschlagen, zu prüfen, ob ein neuer Antrag formuliert werden könne, und hierfür bestimmte abgegrenzte Bereiche auszuwählen, in denen das historische Straßennetz noch nicht zerrissen ist, die Baudenkmäler sich in gutem Erhaltungszustand befinden und die in jüngster Zeit durchgeführten Grabungen, die so viel zu unserem Wissen über die Hansestadt beigetragen haben, besonders bemerkenswerte Befunde freigelegt haben.

Als Ergebnis dieser Prüfung liegt nun ein neuer Antrag vor, der sich bemüht, den Empfehlungen des Büros zu entsprechen. Er schließt das Geschäftsviertel, das fast ganz von den Bomben zerstört worden ist, aus und konzentriert sich auf drei Bereiche: im Nordosten auf das von der Fischergrube, einem kurzen Stück der Breiten Straße, der Pfaffenstraße, der Königstraße und der Mühlenstraße abgegrenzte Viertel; im Südwesten auf eine Anzahl von Baublöcken in der Nähe von Dom und Petrikirche, auf die Uferbebauung der Trave und, am jenseitigen Traveufer, das Holstentor und die Salzspeicher; schließlich auf eine zentrale Zone mit dem aus Marktplatz, Rathaus und Marienkirche gebildeten monumentalen Baukomplex.

Der neue Antrag ist in Form und Inhalt zufriedenstellend. Er verzichtet auf die Bereiche mit überwiegend neuer Bausubstanz und berücksichtigt dafür einige andere, die für die Geschichte Lübecks von Bedeutung sind:

Bereich 1:
— Das Burgkloster, ein ehem. Dominikanerkonvent, das aufgrund eines Gelübdes nach der Schlacht von Bornhövel (1227) errichtet worden ist, steht an der Stelle, an der sich ursprünglich die von Graf Adolf von Schauenburg auf der Landenge von Buku erbaute Burg befand.
— Der Koberg ist ein vollständig erhaltenes Viertel aus dem späten 13. Jahrhundert mit einem öffentlichen Platz als Mittelpunkt, den bedeutende Denkmäler umgeben: die Jakobskirche und das Heilig-Geist-Spital.
— Die Baublöcke zwischen Glockengießerstraße und Aegidienstraße besitzen noch ihre alte Parzellengliederung und eine bemerkenswerte Dichte an mittelalterlichen Gebäuden.

Bereich 2:
Zwischen den beiden Kirchen, die die Eckpfeiler dieses Bereichs bilden, der Petrikirche im Norden und dem Dom im Süden, enthält dieses Viertel mehrere Reihen prachtvoller Patrizierhäuser aus dem 15. und 16. Jahrhundert. Holstentor und Salzspeicher, die zusammen eine Enklave am linken Traveufer bilden, verstärken den monumentalen Charakter des Viertels, dessen Bausubstanz fast ganz aus der Zeit stammt, als die Hanse den Höhepunkt der Machtentfaltung erreicht hatte und Lübeck den Fernhandel in ganz Nordeuropa beherrschte.

Bereich 3:
Marienkirche, Rathaus und Marktplatz halten im Herzen der mittelalterlichen Stadt die Erinnerung an ein Viertel aufrecht, das dem Luftangriff von 1942 zum Opfer fiel.

ICOMOS stellt fest, daß der neue Vorschlag den 1983 vom Büro für das Welterbe geäußerten Wünschen entspricht und kann daher nicht anders als empfehlen, Lübeck in die Liste des Welterbes aufzunehmen. Kriterium IV (herausragendes Beispiel einer Bauweise, die eine bedeutende historische Situation veranschaulicht) läßt sich in der Tat auf die Stadtviertel anwenden, die ihren historischen Charakter am besten bewahrt haben und erkennen lassen, welche Macht und welche geschichtliche Bedeutung die Hanse besaß.

Trotzdem möchte ICOMOS die Aufmerksamkeit des Komitees auf die Gefahren lenken, die die seit dem Krieg verfolgte Politik der städtebaulichen Neuordnung in Lübeck mit sich bringt.

1. Zwar hat man die Hauptachsen des Straßennetzes in ihrem Verlauf beibehalten, man hat aber nicht gezögert, mittelalterliche Straßen, wie die Mengstraße, zu verbreitern oder sogar historische Häuser, die vom Krieg verschont geblieben waren, zu zerstören (vor allem in der Fleischhauerstraße). An anderen Stellen (Große Petersgrube, Wasserfront usw.) wurden ganze Reihen von Häusern «originalgetreu» rekonstruiert, mit dem Ergebnis, daß sich ihre geschichtliche Aussage auf das Erscheinungsbild der der Straße oder dem Flußufer zugekehrten Fassaden beschränkt.

2. Die Sanierung der erhalten gebliebenen Teile der Altstadt sichert zwar deren Fortbestehen, verändert aber in schwerwiegender Weise ihre soziale Gliederung und droht zu einer banalen Vereinheitlichung der volkstümlichen Stadtteile und derjenigen mit ursprünglich patrizischen Bewohnern zu führen.

3. Die Aktivitäten der Archäologen scheinen nur eine lächerliche Konzession an den Appetit der Investoren zu sein. Weder im Eintragungsvorschlag noch im Literaturverzeichnis werden die Ausgrabungen Günther Fehrings und seiner Mitarbeiter erwähnt, trotz des weltweiten Aufsehens, das sie erregt haben.

ICOMOS ist daher der Auffassung, daß die Aufnahme von Lübeck in die Liste des Welterbes mit präzisen Empfehlungen verbunden werden sollte, welche auf die Notwendigkeit hinweisen, die bisherige Politik des Rekonstruierens, die durch nichts mehr zu rechtfertigen ist, durch eine solche des Erhaltens zu ersetzen, deren wichtigste Grundsätze sorgfältiges Untersuchen und Respektieren der historischen Siedlungsstrukturen sein müssen.

Abb. 63. Lübeck, die mittelalterliche Altstadt von Nordosten. ▷

Abb. 64. Lübeck, Westfront der Marienkirche: unvollendeter Turm von 1260/70 in das Zweiturmprojekt von 1304–1351 einbezogen, Turmhelme ▷
1942 verbrannt, 1956/57 wiederhergestellt.

Die Altstadt Lübeck als UNESCO-Weltkulturgut

Mit dem mittelalterlichen Stadtkern der Hansestadt Lübeck wurde 1987 erstmals in Nordeuropa eine ganze Altstadt seitens der UNESCO-Welterbekommission als Teil des Weltkulturgutes anerkannt. Ausschlaggebend waren dabei zum einen die markante Stadtsilhouette und die weithin noch geschlossen erhaltene vorindustrielle Bausubstanz, damit der immer noch anschauliche exemplarische Charakter Lübecks für die hansische Städtefamilie im Ostseeraum, zum anderen aber auch der für die archäologische Erforschung des mittelalterlichen Städtewesens außerordentlich ergiebige Untergrund.

Als erste deutsche Stadt an der Ostsee 1143 gegründet, 1159 unter Heinrich dem Löwen in den bis heute fortwirkenden Grundlinien erneut angelegt, hat diese Stadt eigene rechtliche, städtebauliche und architektonische Strukturen von solch weitwirkender Prägnanz entwickelt, daß man sie als «Prototyp» der mittelalterlichen Stadt beschrieben hat.

Die Voraussetzungen und frühen Strukturen der Stadt erscheinen nach den jüngsten archäologischen Untersuchungen in ganz neuem Licht: Die Gründung stellt nicht nur eine Siedlungsverlagerung von dem 6 km traveabwärts gelegenen slawischen Burgwall Alt Lübeck dar. Sie knüpft vielmehr auch auf dem Stadthügel an ein mehrhundertjähriges slawisches Siedlungsgefüge mit Burgwallsiedlung an und entwickelt sich stufenweise von einer Hafen- und Marktsiedlung städtischer Frühstufe zur vollentwickelten Stadt.

Das bis heute verbindliche, nur bedingt regelmäßige und schließlich durch das lübische Baurecht fixierte Straßensystem besteht aus einem im Kern vordeutschen Fernhandelsweg und einem Bündel auf die Flußläufe zugeführter Querstraßen. Es wurde vollends erst nach Aufgabe des Ufermarktes der Fernkaufleute um 1220 verwirklicht und führte zu einem neuen, weit ausstrahlenden Typ von Hafensiedlung. Die Grundstücke hatten zunächst nicht die Gestalt der später so typischen langen, schmalen Stadtparzellen, sondern waren große, blockhafte Höfe mit lockerer Bebauung. Vom letzten Viertel des 12. Jahrhunderts ab treten neben vereinzelte Pfostenbauten und zahlreiche, auch mehrgeschossige Holzständerbauten mit großer Diele als neuer Gebäudetyp turmartige, zunächst hölzerne Kemenaten und Steinwerke sowie steinerne Saalgeschoßbauten der sozialen Oberschicht, ehe in der zweiten Hälfte des 13. Jahrhunderts das Dielenhaus in Backstein aufkam.

Gegenüber der nicht zuletzt auch architektonisch wachsenden Dominanz des Bürgertums traten schon bald nach der Gründung die Gegenpole der frühen Stadt – stadtherrlicher Burgbereich im Norden und bischöflicher Bezirk um den Dom im Süden – in den Hintergrund.

Gegen Mitte des 14. Jahrhunderts befand sich Lübeck, nunmehr «Vorort» der Hanse, auf dem Höhepunkt seiner mittelalterlichen Größe und Macht. Alle Kirchen waren in der hochgotischen Gestalt vollendet, welche heute noch den Fernblick auf die Stadt charakterisiert. Ganze Straßenzüge waren nunmehr von der Aufreihung gleichartiger, steinerner Giebelhäuser geprägt; diese hat sich nicht nur in der durch Aufteilungsvorgänge entstandenen Parzellierung niedergeschlagen, sondern ist auch durch den Rhythmus erhaltener Brandmauern, durch steile gotische Dachwerke und nicht selten durch imponierende backsteinerne Hochblendgiebel noch im heutigen Stadtbild präsent.

Für unsere Augen macht neben der bis heute spürbaren monumentalen Einheitlichkeit der Bauformen nicht zuletzt das allenorts aufscheinende Baumaterial den Reiz des spätmittelalterlichen Lübeck aus: der Backstein. Dessen «industrielle» Herstellung und handwerkliche Verarbeitung bewiesen bereits in der Frühzeit der Stadt eine kaum wiedererreichte Perfektion in technischer wie in ästhetischer Hinsicht. Lübeckische Backsteingotik wurde Vorbild eines weitgespannten Formenkreises.

Bis nach 1800 war Lübeck eine überregional bedeutende, reiche Stadt, Knotenpunkt im Handelsnetz zwischen West-, Nord- und Osteuropa. Und so findet man Architekturformen aller Stilepochen von der Spätromanik bis zum Biedermeier an und in Lübecker Häusern, ein «lebendiges Architekturmuseum», dessen Kerngerüst die in der Hochgotik errichteten Strukturen blieben. Der archäologische Untergrund bildete ein Bodenarchiv, dessen Befunde und Funde die überragende Bedeutung der Hansestadt nicht nur für die Baugeschichte, sondern auch für Wirtschafts-, Sozial- und Kulturgeschichte dokumentieren.

Erst mit dem industriellen Aufschwung nach der Reichsgründung 1871, durch Kriegsschäden und Nachkriegsplanungen sind in den letzten hundert Jahren erhebliche Teile der alten Hansestadt über und unter der Erde endgültig zerstört worden. In dieser Zeit wurde schrittweise selbst der städtebauliche Grundraster in zentralen Bereichen aufgegeben – heute bemüht man sich in Einzelfällen um seine Rekonstruktion.

Mit dem Europäischen Denkmalschutzjahr 1975 hat sich auch in Lübeck die Auffassung durchsetzen können, daß die Erhaltung der steinernen Geschichtszeugen – Kirchen und Großbauten ebenso wie Bürgerhäuser und «Gangbuden» – nicht nur gesetzliche Pflicht sondern auch einzigartige Chance für die wirtschaftliche Zukunft der Stadt ist. Desweiteren hat die Erkenntnis Platz gegriffen, daß vor zerstörenden Bodeneingriffen archäologische Rettungsgrabungen unumgänglich sind. Die Beachtung konservatorischer Prinzipien im Prozeß des heutigen Stadtumbaues muß gewährleisten, daß das Weltkulturgut Lübecker Altstadt dabei nicht zur Kulisse verkommt, Originale nicht durch Kopien ersetzt, Dokumente der Kulturgeschichte rechtzeitig erfaßt werden.

Nicht zuletzt zu diesem Ziel sind seit 1975 durch den Bund, das Land Schleswig-Holstein und die Hansestadt Lübeck erhebliche Mittel in Maßnahmen der «erhaltenden Sanierung» investiert worden. Genannt seien als herausragende Komplexe nur die Einrichtung einer Musikhochschule in ehemaligen Kaufmannshäusern an der Großen Petersgrube; die Instandsetzung des einstigen Burgklosters und der Petrikirche und der Abschluß der Wiederaufbauarbeiten im Dom. Hinzu kamen bedeutende private Förderungen für Restaurierungen von Fassaden und Innenräumen, historischen Konstruktionen und Kunstwerken vor allem in Bürgerhäusern. Genannt seien auch die umfangreichen archäologischen Ausgrabungen im ehemaligen Kaufleuteviertel zwischen St. Marien und der Trave. Schließlich haben im gleichen Zeitraum Deutsche Forschungsgemeinschaft und Volkswagen-Stiftung die archäologische, historische, bau- und kunstgeschichtliche Erforschung dieses einzigartigen Verbundes von Sachquellen zur Geschichte der europäischen Stadt vorangetrieben.

Die Gegenwart wird von der Sorge bestimmt, angesichts des Auslaufens vieler Förderprogramme erneut einer Zeit zunehmender Verluste entgegen zu gehen. Die Anerkennung als «Weltkulturgut» kam gerade zur rechten Zeit; der neue Titel hat seine Bewährungsprobe aber noch vor sich.

Amt für Denkmalpflege und Amt
für Vor- und Frühgeschichte der Hansestadt Lübeck

Abb. 65. Lübeck, Baukomplex des Rathauses, begonnen um 1240.

Abb. 66. Lübeck, Westfassade des Heilig-Geist-Hospitals am Koberg, erbaut um 1280.

Abb. 67. Lübeck, Marienkirche, Blick zum Chor, Chor um 1270/90, Langhaus 1310/30, Innenraum in der 1942 wiederentdeckten, um 1950 rekonstruierten mittelalterlichen Farbigkeit.

Abb. 68. Lübeck, Oberchor der Katharinenkirche, Memorial für drei Bischöfe, spätes 14. Jahrhundert, nie überstrichen und daher mit seinen ursprünglichen Details bewahrt.

Abb. 69. Lübeck, Kirchenhalle des Heilig-Geist-Hospitals, begonnen um 1265, eingewölbt wohl 1310/15 und 1495, mittelalterliche Ausmalungen seit 1866 wieder freigelegt und ergänzt.

Abb. 70. Lübeck, Burgtor (um 1180/1444/1695), flankiert von Marstall und Zöllnerhaus.

Abb. 71. Lübeck. Hinter dem Haus Engelsgrube 45 hat sich die typische Zeile der Mietsbuden eines 1552 erneuerten «Ganges» erhalten.

Abb. 72. Lübeck, Kaufmannshäuser des 15. bis 19. Jahrhunderts in der Großen Petersgrube (seit 1984 Musikhochschule Lübeck).

Abb. 73. Lübeck, Steinhäuser des 13. Jahrhunderts mit erneuerten Giebeln des 16. bis 19. Jahrhunderts im Kaufmannsviertel an der Mengstraße.

Abb. 74. Lübeck, Hartengrube 20, reich geschnitztes Fachwerk von 1551 (wiederentdeckt 1986).

Abb. 75. Lübeck, Rathaus, Erker mit reicher Renaissanceschnitzerei von 1586, wohl Tönnies Evers d. J.

Abb. 76. Lübeck, Große Petersgrube 23 (seit 1984 Musikhochschule Lübeck), Portal eines Kaufmannshauses des ausgehenden Rokoko, um 1780.

Abb. 77. Lübeck, Backsteingotik und Expressionismus: zwei Figuren aus der «Gemeinschaft der Heiligen» von Ernst Barlach (1930/32) an der Westfront der Katharinenkirche (um 1350).

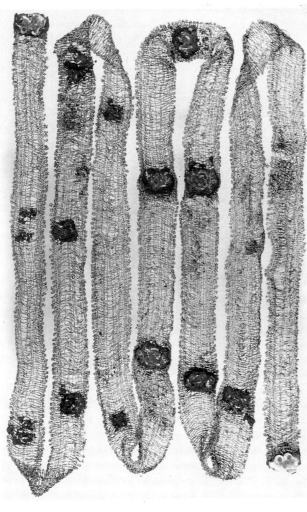

◁ Abb. 78. Lübeck, ergrabener Seidengürtel mit vergoldeten Silberbeschlägen vom Ende des 14. Jahrhunderts, aus einem Brunnen der ehemaligen Fronerei (Haus des Scharfrichters) auf den Schrangen.

Abb. 79. Lübeck, mittelalterlicher Backsteinbrunnen der ehemaligen Fronerei (Haus des Scharfrichters) auf den Schrangen.

Abb. 80. Lübeck, ehem. Burgkloster, ergrabener Holzbrunnen von 1155/56 (dendrochronologisches Datum), Wiederaufbau mit geringen Ergänzungen.

◁ Abb. 81. Lübeck, Grabung zu Füßen der Marien-Kirchtürme mit Befunden zu Topographie, Grundstücks- und Bebauungsstrukturen, 12. bis 17. Jahrhundert.

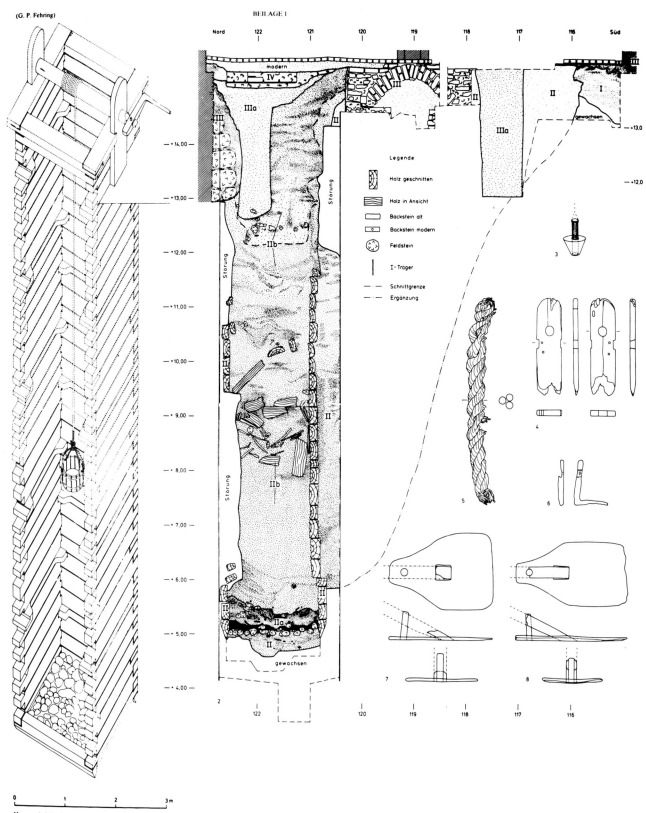

Hansestadt Lübeck, ehem. Burgkloster. Burgbrunnen von 1155/56. 1 Brunnenschacht mit Fördereinrichtung, Befund mit Rekonstruktion in Militärperspektive. M. 1:30.   2 Nordsüdprofil nahe Koordi-
nate 97 (vgl. Abb. 16). M. 1:30. Legende: I = slawischer Graben; II = Brunnen mit Baugrube, IIa = Ver-
fallschicht des Brunnens, IIb = Auffüllung des Brunnens; III = Fundamente und Baugruben des Klosterrefektoriums nach 1227; IIIa und IV = Veränderungen im Innern des Klosterrefektoriums.   3 Lot aus
Blei mit Holzstäbchen Fd.-Nr. 881, M. 1:3.   4 Seitenwange der Fördereinrichtung aus Eichenholz
Fd.-Nr. 773 (vgl. Rekonstruktion). M. 1:30.   5 Aufzugseil der Fördereinrichtung aus Eichenbast
Fd.-Nr. 872. M. 1:3.   6 Handkurbel der Fördereinrichtung aus Eichenholz Fd.-Nr. 887, M. 1:30.
7–8 Holzschaufeln Fd.-Nr. 813, M. 1:5.

Abb. 82. Lübeck, ehem. Burgkloster, Burgbrunnen von 1155/56 (vgl. Abb. 80), zeichnerische Dokumentation nach G. P. Fehring.

Schloß Sanssouci und die Potsdamer Schlösser und Gärten, Schloß Glienicke und Pfaueninsel

Stellungnahme von ICOMOS zum Eintragungsvorschlag Schlösser und Parks von Potsdam-Sanssouci (April 1990)

Zehn Kilometer südwestlich von Berlin gelegen, in einer schönen nacheiszeitlichen Landschaft, in der von Erosion abgetragene Hügel und Moränenschutt den Lauf der Havel nach Westen umgelenkt und eine Kette von Seen gebildet haben, gewinnt Potsdam, das schon im 10. Jahrhundert urkundlich erwähnt wird, erst unter dem «Großen Kurfürsten» Friedrich Wilhelm (1620–1688) einige Bedeutung. 1661 errichtet er hier ein Residenzschloß, 1685 unterzeichnet er das Potsdamer Edikt, dessen politische Bedeutung keines Kommentars bedarf.

Potsdam besaß schon seit 1640 eine kleine Garnison. Die militärische Bedeutung wurde nach dem Aufstieg Preußens zum Königreich noch verstärkt, vor allem durch Friedrich Wilhelm I., der 1713 seine Regierung antrat. Um die Stadt zu bevölkern, lud der Soldatenkönig, der Schmied der Machtstellung Preußens, zur Einwanderung ein: Bei seinem Tod 1740 zählte Potsdam 11.708 Einwohner; sie wohnten in 1.154 Gebäuden, die das Ergebnis von zwei aufeinanderfolgenden Stadtbauprogrammen waren.

Unter Friedrich II. dem Großen (1712-1786) erlebte Potsdam eine vollständige Umwandlung. Der neue König war durch seine Neigung für die Wissenschaften und Künste in Konflikt mit seinem Vater geraten und galt wegen seiner Beziehungen zu französischen und englischen Philosophen als Anhänger der Aufklärung. Er wollte neben der Garnisonsstadt und neben der Siedlung für die neu zugezogenen Bürger des Soldatenkönigs seine Residenz, das preußische Versailles, errichten.

Potsdam bestand damals aus einer Ansammlung von Wäldern, vermischt mit Sümpfen und Seen, durchquert von sternförmig angelegten Forstwegen, nach einem unorganischen Plan zerschnitten von Rasenplätzen und Alleen. 1744 befahl Friedrich II. am Südhang eines Hügels, des Kahlenbergs, der sich zwei Kilometer westlich der Stadt erhob, auf sieben Terrassen einen Weinberg zu pflanzen. Am 14. April 1745 wurde der erste Stein seiner Sommerresidenz auf der obersten Terrasse des Weinbergs gelegt.

«Sanssouci» – ein Name, der die Träume des Königs von Intimität und Einfachheit verrät – übersetzt das Thema der Villa rustica in den Marmor, die Spiegel und das Gold eines Rokokoschlosses. Das eingeschossige Schloß besteht aus einer in der Mitte gelegenen, vorspringenden Rotunde, dem Marmorsaal, und aus je einer seitlich anschließenden Folge von fünf Zimmern. Die östliche Zimmerflucht diente dem König als Wohnung, die westliche war für Gäste bestimmt: Im vierten Zimmer hielt sich von 1750 bis 1753 Voltaire auf, anfangs begeistert, später enttäuscht.

Friedrich II. war die treibende Kraft beim Bau von Sanssouci: Der Architekt, Georg Wenzeslaus von Knobelsdorff, dem er gleichzeitig Freund und Mäzen war, verdankte ihm seine Ausbildung in Rom, Venedig, Florenz, Dresden und Paris. Er war, wie es scheint, aufgeschlossen gegenüber den Wünschen seines königlichen Bauherrn, der darauf bedacht war, Prunk mit Einfachheit zu verbinden. Das ikonographische Programm ist Ausdruck dieses Paradoxons: Um ein Winzerhaus vorzutäuschen, wird die Südfassade von 36 Bacchanten und Bacchantinnen von der Hand des Bildhauers Christian Glume gegliedert, die in der Funktion von Karyatiden das Gebälk unter den Mansarddächern der Flügel und unter der Kuppel der zentralen Rotunde tragen.

Der 290 ha große Park, der das Schloß begleitet, wurde in zwei Bauabschnitten angelegt und ist auf eine Anzahl von Gebäuden ausgerichtet. Zuerst entstanden, einander im Westen und Osten des Schlosses entsprechend, die Bildergalerie und die Alte Orangerie, die 1771/74 unter dem Namen Neue Kammern zu Wohnräumen umgebaut wurde. Ebenfalls noch im ersten Bauabschnitt wurde eine Anzahl kleinerer Gebäude errichtet; hervorgehoben seien die Grotte des Neptun, das letzte Werk von Knobelsdorff (+ 1753), zu seinen Lebzeiten begonnen, aber erst nach seinem Tod vollendet (1751–1757), und das chinesische Teehaus, ein exotisches Meisterwerk, erbaut unter der Leitung von Büring, dem Architekten der Bildergalerie.

Abb. 83. Schloß Sanssouci, Gartenseite, Radierung von A. L. Krüger, 1780.

Abb. 84. Schloß Sanssouci, Ehrenhofseite, Kupferstich von J. F. Schleunen, um 1765.

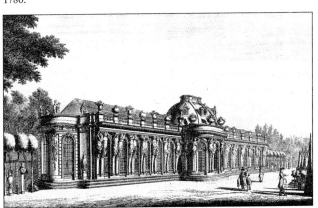

Schloß Sanssouci, Marmorsaal, vollendet 1748. Hier fanden die berühmten Tafelrunden Friedrichs II. statt.

$\triangleright$

Nach dem Siebenjährigen Krieg (1756–1763) ließ Friedrich der Große am äußersten Westende der etwa zwei Kilometer langen «Hauptallee» das Neue Palais errichten, ein mächtiger Bau im Rokokostil mit mehr als 200 Räumen, darunter der berühmte Muschelsaal. Andere kleine, im Park verteilte Gebäude sind der Antikentempel, der Freundschaftstempel, das Belvedere und der Drachenpavillon (1770), eine Variation von Claus von Gontard auf das Thema der Pagode von William Chambers in Kew.

Die Nachfolger Friedrichs II. gaben sich keine Mühe, das begonnene Werk fortzuführen. Nur Friedrich Wilhelm 1V. (1795–1861), der erst 1840 König von Preußen wurde, widmete sich ihm von Jugend an. Der Kronprinz erwarb eine im Süden gelegene Domäne, um den Park zu erweitern. Er beauftragte Karl Friedrich Schinkel (1781–1841) mit dem Bau des kleinen klassizistischen Schlosses Charlottenhof und Peter Joseph Lenné (1789–1866) mit der Anlage eines romantischen Parks. Lenné zeichnete auch den Sizilianischen Garten und den Nordischen Garten, nördlich der Hauptallee.

Bis 1860 erhoben sich neue Bauwerke in dem erweiterten Park: Die Römischen Thermen, von Schinkel und Persius, veranschaulichen ebenso wie die Fasanerie von Persius die Neigung der Epoche zu einer sentimental und poetisch aufgefaßten Antike. Die Orangerie, deren von Ludwig Persius (+ 1845) entworfene Pläne von Stüler und Hesse aufgegriffen wurden, nimmt sich den Aufriß der Villa Medici in Rom zum Vorbild, die Friedenskirche den der Basilika von San Clemente. Der Garten von Marly, der sie umgibt, macht den Eklektizismus eines Programms deutlich, das Geschichte nachzubilden versucht, indem es zeitlich nicht zusammengehörende Dinge nebeneinander stellt.

Zu dem von der DDR präsentierten Eintragungsvorschlag gehören noch zwei andere, aus Parks, Schlössern und kleineren Gebäuden zusammengesetzte Ensembles:

— Der Neue Garten ein Park von 74 ha Größe im Westen des Heiligen Sees nordöstlich von Sanssouci. Unter der Regierung von Friedrich Wilhelm II. (1786–1797) angelegt, war er das Werk von Eyserbeck dem Jüngeren, dem Gärtner von Wörlitz. Lenné gestaltete ihn im 19. Jahrhundert völlig um. Im Mittelpunkt des Parks erhebt sich das Marmorpalais, die Sommerresidenz des Königs, von C. Gontard errichtet und von K. G. Langhaus ausgestattet. Im äußersten Norden des Parks befindet sich Schloß Cecilienhof, die 1913–1916 errichtete Nachbildung eines englischen Cottage; es war im August 1945 der Ort, an dem das Potsdamer Abkommen unterzeichnet wurde.

— Der Park von Babelsberg, von 1833 an geschaffen, mit einem für den künftigen Kaiser Wilhelm I. geschaffenen Schloß, entstand in den letzten Jahren der Zusammenarbeit zwischen dem Gartenarchitekten Lenné (er lieferte Entwürfe, die leider nicht ausgeführt wurden) und dem Architekten Schinkel. Dieser hatte sich mit seinem Schaffen der Gotik genähert (seine «gotischen» Werke sind heute die am meisten geschätzten) und machte Babelsberg zum Zeugnis seiner erstaunlichen Kenntnis der mittelalterlichen Architektur, gleichrangig mit den großen neugotischen Schöpfungen von Pugin bis Viollet-le-Duc.

Mit seinen 500 ha Parks und seinen 150 Bauwerken, deren Entstehung sich über die Zeitspanne von 1730 (Jagdpavillon) bis 1916 (Cecilienhof) erstreckt, bildet die Gesamtanlage der Parks von Potsdam ein Kulturgut von außergewöhnlicher Qualität. ICOMOS empfiehlt, es unter Bezug auf die Kriterien I, II und IV in die Liste des Welterbes aufzunehmen.

Kriterium I. Die Gesamtheit der Schlösser und Parks von Potsdam ist eine außergewöhnliche Kunstschöpfung, deren Einheit durch den eklektischen, auf Fortentwicklung angelegten Stilcharakter eher noch verstärkt wird: Von Knobelsdorff bis Schinkel, von Eyserbeck bis Lenné folgen aufeinander am selben Platz Meisterwerke der Architektur und der Landschaftsgestaltung, die einander entgegengesetzte und miteinander als unversöhnbar geltende Stile vertreten, ohne daß dies der Harmonie einer fortschreitend erfundenen Gesamtkomposition schadet. Die Errichtung der Friedenskirche ab 1845 war das Zeichen einer entschiedenen Hinwendung zum Historismus: Diese nazarenische Wiederholung der Basilika San Clemente in Rom erinnert an die Grundsteinlegung von Sanssouci, dem Rokokoschloß par excellence, am 14. April 1745.

Kriterium II. Potsdam-Sanssouci – das man oft das «preußische Versailles» genannt hat – faßt eine große Zahl von Einflüssen aus Italien, England, Flandern, Paris und Dresden zusammen. Schloß und Park sind eine Synthese der Kunstrichtungen des 18. Jahrhunderts in den Städten und Höfen Europas, sie sind aber auch selbst wieder Vorbilder gewesen, die erheblich auf die Entwicklung der monumentalen Künste und der Gestaltung des Freiraums in den Ländern jenseits der Oder eingewirkt haben.

Kriterium III. Wie Versailles (1979 in die Liste des Welterbes eingetragen) bietet auch Potsdam-Sanssouci ein aus europäischer Perspektive hervorragendes Beispiel von Architekturschöpfungen und Landschaftsgestaltungen vor dem geistigen Hintergrund der monarchistischen Staatsidee. Durch ihre programmatische Weite unterscheiden sich diese königlichen Schöpfungen sehr deutlich von denen, welche fürstliche Residenzen wie Würzburg oder Blenheim (1981 und 1987 in die Liste des Welterbes aufgenommen) darstellen.

Stellungnahme von ICOMOS zum Eintragungsvorschlag Schloß Glienicke und Pfaueninsel (April 1990)

Die Wiedervereinigung Deutschlands hat den Eintragungsvorschlag, den die Bundesrepublik dem Büro des Welterbekomitees bei seiner Sitzung im Juni 1990 gemacht hat und der den Vorschlag der damaligen DDR zur Eintragung der Schlösser und Gärten von Potsdam ergänzen sollte, noch einleuchtender gemacht. Von 1945 bis 1990 hat eine Grenze willkürlich eine einzigartige historische und künstlerische Einheit geteilt, die im Lauf von mehreren Generationen von Fürsten und Prinzen des preußischen Königshauses, Architekten und Landschaftsgestaltern auf beiden Seiten der Havel und der Glienicker Lake zusammengefügt worden war.

Ein wichtiges Element dieser Einheit, die Blickbeziehungen

Abb. 86. Schloß Sanssouci mit den Weinbergterrassen (nach der Wiederherstellung des ursprünglichen Zustands 1979/83), im Vordergrund das Rondell der großen Fontäne mit Marmorfigur des Jupiter von François Gaspard Adam.

republik gehörenden Bereichs den letzten Abschnitt in der Folge von Umgestaltungen des von Mitgliedern des königlichen Hauses ererbten oder zu diesem Zweck erworbenen Grundbesitzes dar. Zwar hatte der Große Kurfürst schon 1680 das Gebiet von Glienicke seiner Residenz in Potsdam angegliedert und erst einen Park, dann ein Jagdhaus errichten lassen. Doch erst die Anlage der Berlin mit Potsdam verbindenden Königsstraße 1796–1798 schuf die Voraussetzungen dafür, daß der nunmehr zugänglich gewordene Bereich durch den Fürsten Hardenberg und vor allem, ab 1824, durch den Prinzen Karl von Preußen künstlerisch gestaltet wurde. Prinz Karl erwarb 1824 Klein-Glienicke und gab Karl Friedrich Schinkel den Auftrag, eine dem Zeitgeschmack entsprechende Sommerresidenz daraus zu machen. Schinkel schuf das Casino, baute 1825–1827 das Schloß um und errichtete zur selben Zeit die «Kleine Neugierde»; 1827 folgte dieser das Jagdwärterhaus bei Moorlake.

Nicht weit von Glienicke entfernt, auf der Pfaueninsel, errichtete Schinkel, diesmal im Auftrag von König Friedrich Wilhelm III., das die Fassade eines Danziger Patrizierhauses einschließende Kavaliershaus, das als Schweizerhaus gestaltete Wohnhaus des Hofgärtners und ein Palmenhaus.

Diese Bautätigkeit und die sie begleitenden Maßnahmen zur Gestaltung des Parks, die größtenteils das Werk von Peter Joseph Lenné waren, dauerten bis zum Tod des Prinzen Karl 1883 an. Sie wurden noch einmal aufgegriffen, als der Architekt Geyer 1889–1893 das Jagdhaus des Großen Kurfürsten, das älteste Baudenkmal des Bereichs, erweiterte.

Im wesentlichen zwischen 1824 und 1883 entstanden, sind die gärtnerischen und baulichen Schöpfungen in den Parks von Glienicke und der Pfaueninsel durch den zeittypischen Eklektizismus gekennzeichnet. Zwar wird der Englische Garten eindeutig bevorzugt, daneben aber beziehen sich berühmte Architekten wie Schinkel oder Ferdinand von Arnim und eine Vielzahl zweitrangiger Künstler teils nacheinander, teils gleichzeitig auf die Antike («Große Neugierde»), auf das Mittelalter (Klosterhof, Kavaliershaus der Pfaueninsel), auf die italienische Renaissance (Kavaliershaus von Glienicke) oder auf die einheimische Baukunst Osteuropas (Blockhaus Nikolskoe).

Der Eklektizismus einer historischen, diskret durch die romantische Landschaftsmalerei beeinflußten Architektur macht den Reiz dieser Parks aus, die diejenigen von Potsdam zeitlich und räumlich verlängern.

ICOMOS empfiehlt die Eintragung dieses Gesamtkunstwerkes in die Liste des Welterbes hauptsächlich im Hinblick auf Kriterium IV der Konvention. Nach den Zerstörungen im Zweiten Weltkrieg und einzelnen Unglücksfällen wie dem Brand des Blockhauses Nikolskoe 1984 ist ein Übergreifendes Programm für die Restaurierung der Gärten und Parks aufgestellt worden. Die Eintragung in die Liste des Welterbes wird, so ist zu hoffen, dazu beitragen, den herausragenden Wert dieses Erbes noch bewußter zu machen und den Fortgang der Arbeiten in allen Bereichen, auf die sich die beiden 1990 gemeinsam vorgelegten Eintragungsvorschläge beziehen, zu beschleunigen.

zwischen den auf bewaldeten Moränenhügeln sich erhebenden und durch zahlreiche Havelbuchten und Seen voneinander getrennten Baudenkmälern, konnte auch durch die 1961 errichtete Berliner Mauer nicht zerstört werden: Die West-Berliner konnten immer noch, über die Grenze hinweg, die Silhouette von Potsdam, Schloß und Park Babelsberg, Teile von Sanssouci (den Pfingstberg und den Ruinenberg) sowie die Heilandskirche von Sakrow sehen.

Die von der Bundesrepublik Deutschland im Juni 1990 zur Eintragung vorgeschlagenen Denkmalbereiche sind folglich integrierender Bestandteil eines unteilbar Ganzen, und nur die außergewöhnlichen zeitgeschichtlichen Umstände rechtfertigen es, daß sie getrennt von Potsdam-Sanssouci in einer eigenen Stellungnahme gewürdigt werden.

Geschichtlich gesehen stellt die Erschließung des östlich der Havel gelegenen, schon vor der Wiedervereinigung zur Bundes-

Abb. 87. Plan des Parks von Sanssouci, Stahlstich von G. Meyer, 1853 (Ausschnitt). ▷

Abb. 88. Die Communs gegenüber dem Neuen Palais nach Entwurf von Jean Laurent Legeay (1764), ausgeführt von Carl von Gontard 1766–1769. ▷▷

Abb. 87 Abb. 87 Abb. 87 Abb. 87

Abb. 89. Schloß Sanssouci mit Terrassenanlage, erbaut 1744/48 nach Skizzen Friedrichs II. und Entwürfen von Georg Wenzeslaus von Knobelsdorff, rechts die Bildergalerie, erbaut 1755/63 von Johann Gottfried Büring.

Abb. 90. Neues Palais im Park von Sanssouci, erbaut 1763/69 nach Plänen von Johann Gottfried Büring, Heinrich Ludwig Manger und Carl von Gontard.

Abb. 91. Schloß Charlottenhof im Park Sanssouci, erbaut 1826/29 nach Entwürfen von Karl Friedrich Schinkel.

Abb. 92. Schloß Babelsberg im gleichnamigen Park, erbaut 1834/49 nach Entwürfen von Karl Friedrich Schinkel und Ludwig Persius, Park von Peter Joseph Lenné.

Die Staatlichen Schlösser und Gärten Potsdam – Sanssouci

Die Staatlichen Schlösser und Gärten Potsdam-Sanssouci bestehen aus drei großen Bereichen: dem Park Sanssouci (290,3 ha), dem Neuen Garten (73,9 ha) und dem Park Babelsberg (130 ha). Auf diesem Gebiet werden etwa 150 historische Bauwerke verwaltet. Hinzu kommen der Marstall vom zerstörten Stadtschloß, das Dampfmaschinenhaus an der Havelbucht und das außerhalb liegende Jagdschloß Stern.

Das älteste Gebäude ist das kleine Jagdschloß Stern, das jüngste das nach Entwürfen von Schulze-Naumburg ausgeführte Schloß Cecilienhof im Neuen Garten. Kunsthistorisch wird ein Zeitraum abgesteckt, der von 1730 bis 1917 reicht. In ihm entstanden die bedeutenden Bauten von Knobelsdorff und Gontard in Sanssouci, von Gontard und Langhans im Neuen Garten und von Schinkel und seiner Bauschule in Sanssouci, Babelsberg und anderen Orten.

Gemeinsam mit zahlreichen historischen Bauten und weiteren Gartenanlagen, die teilweise der Berliner Schlösserverwaltung unterstehen, bilden die Staatlichen Schlösser und Gärten von Potsdam als geschlossenes Ensemble den Rahmen einer historischen Residenzstadt, die nach den Zerstörungen von 1945 ihr historisches Antlitz verloren hat.

Die staatlich verwalteten Schloß- und Gartenanlagen sind ein im Krieg verschonter Teil dieser Kulturlandschaft, der seit seiner Entstehung unter denkmalpflegerischen Gesichtspunkten erhalten wird. Neben den schon Ende des 18. Jahrhunderts zeitweise öffentlich zugänglichen Gärten, sind die Schloßanlagen erst seit 1926 museal geöffnet. Weitgehend original erhaltene Raumausstattungen der Gebäude ermöglichen dem Besucher einen lückenlosen Überblick über die Stilentwicklung in den letzten 300 Jahren. Im Zusammenklang von Architektur, Plastik und Landschaftsgestaltung kann er deren preußische Besonderheit erleben.

In der Vergangenheit der Potsdamer Schlösser wurde ein wichtiges Prinzip moderner Denkmalpflege – historische Bausubstanz zu erhalten, ohne daß dabei künstlerische und bautechnische Details verloren gehen – vom preußischen Hofbau- bzw. Hofmarschallamt überwacht. Verbunden mit dem Wirken von Lenné wurde parallel dazu das Amt des preußischen Gartendirektors eingeführt.

In dieser Zeit gab Schinkel denkmalpflegerischen Vorstellungen die entscheidende Richtung. Grundsätze, die einer baugeschichtlichen Mittelalterbegeisterung galten, wandte er 1816 in Sanssouci auch auf Bauten des 18. Jahrhunderts an. Die baufälligen Treppenläufe an den Communs des Neuen Palais wurden auf sein Geheiß in ihrem kühnen Schwung erneuert und nicht durch gerade Treppen ersetzt.

Zunehmend wurde von den Bewohnern der Schlösser der Charakter originaler Raumausstattungen nun auch «museal» empfunden. Historische Wohnräume wurden in ihrer Grundsubstanz nicht mehr angetastet, mit den wachsenden Anforderungen der modernen Hofhaltung zog man sich in Nebenräume zurück. Neben der Wohnung Friedrich Wilhelms IV. im Schloß

Abb. 93. Schloß Sanssouci, «Voltairezimmer», 1752/53 umgestaltet mit Schnitzereien von Johann Christian Hoppenhaupt d. J., die lackierte Oberfläche der Wände bei der letzten Restaurierung (1975/80) wieder hergestellt.

Abb. 94. Theater im südlichen Hauptflügel des Neuen Palais, eröffnet 1768, entworfen von Johann Christian Hoppenhaupt d. J.

Sanssouci, wurden seit 1843 auch im Marmorpalais des Neuen Gartens die dort noch im Rohbau verbliebenen Nebenflügel nach ähnlichen Prinzipien modern ausgestattet. Das historische Ambiente der Wohnräume Friedrich Wilhelms II. im Hauptbau blieb dabei gewahrt.

Unter dem Einfluß des wachsenden Geschichtsbewußtseins bezog Lenné bei der Neugestaltung der Parkanlage von Sanssouci barocke Gartenteile ein und gab ihnen damit eine neue Wertung. Mit seinem 1833 begonnenen Plan zur Verschönerung der «Insel Potsdam» faßte er das historische Bild der Landschaft zusammen und akzentuierte es durch zahlreiche neue Gartenanlagen. Von den Belvederebauten der Schinkelnachfolger konnte man das historische Panorama Potsdams aus der Entfernung überschauen.

Die im 19. Jahrhundert begonnene Tradition höfischer Bau- und Gartendenkmalpflege wurde nach der Verstaatlichung der preußischen Schlösser auf wissenschaftlicher Ebene fortgesetzt. Anläßlich der Tage für Denkmalpflege und Heimatschutz wurde 1924 das Konzept einer musealen Nutzung von Schlössern und Gärten definiert. Damit wurde die 1927 erfolgte Gründung einer preußischen Schlösserverwaltung vorbereitet. Bis Kriegsbeginn waren wichtige Häuser als Schloßmuseum geöffnet. Sie wurden im Zustand ihrer ersten Ausstattung restauriert.

Größeren Schaden nahmen die Potsdamer Schlösser nach dem Krieg. Durch die politische Teilung Europas kehrten wertvolle Bestände, die im Westteil Deutschlands ausgelagert waren, nicht an ihren originalen Standort zurück. Die Potsdamer Schlösserverwaltung verlor das Marmorpalais durch Beschlagnahmung der sowjetischen Besatzungsmacht. Nach seiner Rückgabe wurde dieses Gebäude wie auch Schloß Babelsberg von verschiedensten staatlichen Nutzern zweckentfremdet. Die ehemals übergreifende preußische Schlösserverwaltung wurde zwischen Berlin und Potsdam aufgeteilt. Mit der Grenzziehung von 1961 wurde diese Teilung auch landschaftlich vollzogen. Das großartige landschaftliche Panorama von Potsdam wurde an seiner Schauseite mit einem eisernen Vorhang verdeckt. Das Engagement der Potsdamer Schlösserverwaltung, ein 1924 begonnenes Konzept in den drei traditionellen Garten- und Schloßanlagen nicht aufzugeben und den neuen Bedingungen anzupassen, wurde von der DDR-Regierung finanziell unterstützt. Zu den bedeutendsten Leistungen der seit 1964 planmäßig durchgeführten Generalrekonstruktion zählen u. a.

Im Gartenbereich

Park Sanssouci: systematische Rekonstruktion des ursprünglichen Sichtachsen- und Wegesystems der Lennéplanung 1968–85, Rekonstruktion der Weinbergterrassen und des Parterres 1978–82, Rekonstruktion des Teichs an der Friedenskirche 1984/85 und schrittweise Erneuerung des Schafgrabens seit 1985.
Park Babelsberg: Wiederherstellung des Parks seit 1960, Erneuerung von Sichtachsen 1975–81, Rekonstruktionen im Pleasureground 1971–74.
Neuer Garten: kontinuierliche Wiederherstellung des Lennéschen Wegesystems, Durchholzung und Neuanpflanzungen 1967–71.

In historischen Räumen

Schloß Sanssouci: schrittweise Restaurierung der historischen Wohnräume 1966–89.
Neues Palais: Restaurierung des Schloßtheaters 1969 (Wiederaufnahme 1989), Restaurierungen im Marmorsaal 1966–71, Restaurierung der Westräume in der Friedrichswohnung 1981–86.

Abb. 95. Belvedere auf dem Klausberg, erbaut 1770/72 von Georg Christian Unger, seit 1945 Ruine, seit 1990 Sicherung und Restaurierung mit Mitteln der Messerschmitt Stiftung.

Römische Bäder: Restaurierung des Turmzimmers 1980/81, Restaurierung der Wandmalerei im Viridarium und Impluvium seit 1981.

Baudenkmalpflege

Schloß Sanssouci: Abbau und Wiederaufbau der statisch gefährdeten östlichen Kollonade 1967–69, weitere Bildhauerarbeiten 1964–71, Neuverputz und Anstrich der Fassaden 1968.
Neues Palais: umfangreiche Restaurierungsarbeiten an den Sandsteinteilen und dem reichem figürlichen Schmuck der Fassaden seit 1969.
Teehaus: Restaurierung und Vergoldung der Sandsteinplastiken und -architekturelemente nach vorhergehender Dachsanierung 1968–73.

Gesamtinstandsetzungen

Schloß Charlottenhof 1966–68,
Dampfmaschinenhaus (Moschee) 1982–85,
Neue Kammern 1982–86
Jagdschloß Stern 1983/84

Gegenwärtige Restaurierungsaufgaben

Teehaus: Restaurierung der Innenräume bis 1993 (Restaurierung der Deckenmalereien, Rekonstruktion der textilen Bespannung in den Seitenkabinetten, Erneuerung der Wandfassung, Erneuerung der Vergoldung).
Belvedere auf dem Klausberg: Substanzsicherung der Ruine, Restaurierung und Teilrekonstruktion.
Marmorpalais: Weiterführung der Gesamtinstandsetzung.
Friedenskirche: Fortsetzung der 1989 begonnenen Restaurierung in Atrium und Kreuzgang.

Klaus Dorst

Zur Aufnahme in die Liste des Kultur- und Naturerbes der Welt vorgeschlagene Denkmäler

Kloster Lorsch

Stellungnahme von ICOMOS (Auszug) zum Eintragungsvorschlag (April 1989)

Abb. 96. Lorsch, Ansicht der Reste des Klosters, aquarellierte Zeichnung von Johann Heinrich Schilbach 1817.

Abb. 97. Lorsch, Innenansicht der Torhalle, Nordwand.

In der kleinen Ortschaft Lorsch zwischen Worms und Darmstadt erinnert die berühmte Torhalle, eines der ganz wenigen Denkmäler der Karolingerzeit, das über die Jahrhunderte hinweg sein ursprüngliches Aussehen bewahrt hat, an die vergangene Größe einer um 760/764 gegründeten Abtei.

Ihr erster Abt war Bischof Chrodegang von Metz (†766), der vor 764 Mönche aus Kloster Gorze ansiedelte und der Abtei Reliquien des Hl. Nazarius, die er in Rom erworben hatte, zum Geschenk machte. 767 stiftete Thuringbert, ein Bruder des Gründers, dem Kloster als neuen, von dem bisherigen etwa 500 m weit entfernten Bauplatz ein überschwemmungsfreies, hügeliges, aus Sanddünen bestehendes Gelände. 772 wurde das Kloster unter kaiserlichen Schutz gestellt, 774 weihte der Erzbischof von Mainz in Gegenwart Karls des Großen die neue, den Heiligen Petrus, Paulus und Nazarius geweihte Kirche.

Der Codex Laureshamensis, die Chronik der Abtei, verzeichnet, was drei große Äbte, Helmerich, Richbod und Adelog, zu ihrer Ausgestaltung beigetragen haben. Seinen Höhepunkt erreichte das Kloster, als es nach dem Tod Ludwigs des Deutschen (†876) der Begräbnisplatz der Könige des ostkarolingischen (deutschen) Reiches wurde: Um die Gebeine seines Vaters würdig zu bestatten, ließ Ludwig III. der Jüngere die «ecclesia varia» bauen, eine Gruftkirche, in der auch er selbst bestattet wurde, ebenso wie sein Sohn Hugo und Kunigunde, die Gemahlin Konrads I., des Frankenherzogs, der zum König gewählt wurde, als mit Ludwig dem Kind 911 der letzte der deutschen Kaolinger starb.

Im 10. Jahrhundert immer noch wohlhabend, wurde das Kloster 1090 durch einen Brand verwüstet. Ein erster Wiederaufbau erfolgte im 12. Jahrhundert. Mit der Eingliederung in das Erzbistum Mainz 1232 verlor Lorsch einen großen Teil seiner Privilegien, den Benediktinern folgten erst Zisterzienser, dann Prämonstratenser. Nach einem neuen Brand mußte die Kirche wiederhergestellt oder neu aufgebaut werden.

Die Wechselfälle der Politik (Lorsch wurde 1461 an die Kurpfalz angegliedert, kam 1623 zurück an Mainz, wurde 1803 hessisch) und die Wirren des Dreißigjährigen Krieges – spanische Truppen plünderten 1620/21 die seit der Reformation leerstehenden Klostergebäude – führten zum Niedergang der einst glanzvollen Gründung der Karolinger. Nur die Torhalle, ein Teil der romanischen Kirche, unbedeutende Reste des mittelalterlichen Klosters und Gebäude aus der Zeit, in der Lorsch durch die Kurfürsten von Mainz verwaltet wurde, sind noch innerhalb der Ringmauern zu sehen.

Die 1890 von Adamy begonnenen Grabungen, die 1907/8 von Giess, 1920 von Rauch und, in systematischer Form, 1927/37 von Friedrich Behn weitergeführt wurden, erstreckten sich auf einen ausgedehnten Bereich, sind aber trotzdem punktuell geblieben. Wir haben noch keine umfassende Kenntnis

Abb. 98. Lorsch, Karolingische Torhalle.

von Topographie und Stratigraphie des Klosters, von dem nur die wichtigsten, in massiver Bauweise errichteten Strukturen aufgedeckt wurden.

ICOMOS kann zur Zeit noch keine zustimmende Empfehlung aussprechen, die, wenn sie gegeben würde, in erster Linie mit der außergewöhnlichen architektonischen Qualität der Torhalle, dem einzigen noch in situ befindlichen Bauteil des karolingischen Klosters, begründet werden müßte.

Stellungnahme der Verwaltung der staatlichen Schlösser und Gärten Hessen (Auszug) zu den Fragen von ICOMOS (Oktober 1989)

Die Schlösserverwaltung stellt klar, daß sich der der UNESCO vorgelegte Antrag nur auf den südlich der Nibelungenstraße gelegenen, landeseigenen Teilbereich des ehemaligen Klosterbezirks bezieht, und fährt dann fort:

«Der Grabungsschutz ist auf dem landeseigenen Grundstück jederzeit gewährleistet; archäologische Grabungen unterliegen unserer Zustimmung. Sie sind erst vorzusehen, wenn die Ergebnisse der bisherigen Grabungen – die letzte fand in den dreißiger Jahren statt und die Funde sind teilweise noch unbearbeitet – wissenschaftlich aufgearbeitet, neue Ansätze für weitere Sondagen angeraten erscheinen lassen. Hierfür werden dann die entsprechenden Institute aus den Land- und Hochschulforschungsbereichen zur Verfügung stehen.

Das «Museumszentrum Lorsch» ist ein Vorhaben, welches gemeinsam vom Land Hessen und der Stadt Lorsch entwickelt und getragen wird. Es wird in einem alten Fabrikgebäude, direkt neben dem Klostergelände (nördlich der Nibelungenstraße) untergebracht werden. Damit findet gewissermaßen eine «Rückgewinnung» ehemaligen Klostergeländes unter museums- und denkmaldidaktischen Vorzeichen statt, ohne die Geschichte des Geländes zu leugnen.

Inhaltlich bedeutet das Vorhaben eine erhebliche Attraktivitätssteigerung für Stadt und Land, da hier drei Abteilungen eingerichtet werden: a) die Volkskunde-Abteilung des Hessischen Landesmuseums Darmstadt, b) die stadtgeschichtliche Sammlung und das Tabakmuseum der Stadt Lorsch, c) die Abteilung zur Geschichte und Bedeutung des ehemaligen Klosters Lorsch der Verwaltung der Staatlichen Schlösser und Gärten in Hessen.

Es gehen keinerlei Gefährdungen von diesem Projekt für das heutige Klostergrundstück aus, im Gegenteil; durch behutsame städtebauliche und landesplanerische Maßnahmen sollen die im 19. Jahrhundert geschaffenen Zäsuren überwunden werden.»

Kloster Maulbronn

Gutachten zum Eintragungsvorschlag (Oktober 1988)

Nach übereinstimmender Meinung der gesamten wissenschaftlichen Literatur handelt es sich bei dem Kloster Maulbronn um die am vollständigsten erhaltene Klosteranlage des Mittelalters nördlich der Alpen, möglicherweise sogar in ganz Europa. Aus der Bedeutung, die das mittelalterliche Mönchtum, insbesondere der Orden der Zisterzienser, für die kulturelle Entwicklung Europas darstellt, ergibt sich das Interesse an einer vollständig erhaltenen Klosteranlage in historischer, kultureller und wissenschaftlicher Hinsicht von selbst. Folgende Faktoren sind für die herausragende Stellung von Maulbronn konstitutiv:

— die nahezu ungestörte topographische Situation,
— die ablesbare Kontinuität seiner Entstehung vom 12. bis in das 17. Jahrhundert und
— die Vollständigkeit der Erhaltung einschließlich des sehr ausgedehnten Wirtschaftskomplexes und der Ummauerung der Gesamtanlage.

In dieser Vollständigkeit ist Maulbronn ein Einzelfall, der es uns erlaubt, ein zuverlässiges Bild von zahllosen verstümmelten Klosteranlagen zu gewinnen. Über die Bedeutung der Anlage selbst hinaus ist es das gesamteuropäische Exemplum, das Maulbronn seinen Rang verleiht.

Auch die Einzelbauten der Gesamtanlage besitzen zum Teil eine gesamteuropäische Rangstellung als Architektur- und Kunstdenkmäler:

1. Die Kirche hat die wichtigsten Teile ihrer Ausstattung bewahrt. Sie ist ein bedeutendes Zeugnis der oberrheinischen Spätromanik. Ihre Ostanlage belegt die Auseinandersetzung der heimischen Tradition mit dem neuen Kirchentypus der Zisterzienser aus Burgund. Das Langhaus belegt dagegen die vollständige Integration der Ordensbauweise in die bodenständige Baukunst. Besonders hervorzuheben ist die Erhaltung der Schrankenmauer zwischen dem Mönchs- und dem Konversenchor, die sonst fast überall verschwunden ist, hier sogar in einem besonders frühen Beispiel. Selbst der Kreuzaltar davor ist erhalten geblieben, dazu ausgestattet mit einem spätgotischen Kruzifix von herausragender künstlerischer Qualität. Am originalen Platz steht das große Gestühl des Mönchschores, aber auch das Gestühl der Konversen ist im Seitenschiff erhalten geblieben.

2. Von herausragender Bedeutung für die Architekturgeschichte im gesamten mitteleuropäischen Raum sind einige Bauteile aus der Zeit von 1200 bis 1210: die Vorhalle, der Südflügel des Kreuzganges und das Herrenrefektorium. Es handelt sich um die frühesten Beispiele der Auseinandersetzung mit der neuen gotischen Baukunst aus Frankreich, vermittelt über die Zisterzienser. Das spezifische Formenrepertoire sollte bestimmend werden für zahlreiche Bauten Mitteldeutschlands und Süddeutschlands, so daß man sogar von einer eigenen Bauschule sprach.

3. Die Gesamtanlage des Kreuzganges und der umgebenden Klausurgebäude stellt ein vorzügliches Beispiel eines Zisterzienserklosters dar. Obwohl die Gesamtanlage aus dem frühen 13. Jahrhundert stammt, sind Einzelräume später verändert bzw. ausgeführt worden. Besonders hervorzuheben ist der Kapitelsaal als ein exquisiter Raum aus dem frühen 14. Jahrhundert, ausgestattet mit einer Dreistrahlrippenwölbung, einem der frühesten Beispiele im süddeutschen Raum. Ebenso hervorragend ist der kleine Zentralbau des Brunnenhauses mit dem darin enthaltenen ursprünglichen Klosterbrunnen. Zahlreiche weitere Räume haben sich in ihrer spätmittelalterlichen Form erhalten. Erwähnenswert sind umfangreiche Reste von Wandmalereien im gesamten Komplex und von farbigen Architekturfassungen.

4. Die soziale Struktur des Klosters wird erkennbar an dem isoliert stehenden mächtigen spätgotischen Herrenhaus, in dem der Abt residierte. Es ist mit dem Klausurbereich durch einen doppelgeschossigen Gang mit prächtiger spätgotischer Wölbung verbunden.

5. Vor der Kirche und den Konventsgebäuden gruppieren sich um drei hofartige Räume die zum großen Teil spätgotischen Wirtschaftsgebäude des Klosters. Dieser Bestand ist einzigartig und vermittelt anschaulich einen Eindruck von der Wirtschaftsstruktur eines Klosters, von der wir sonst nur durch Schriftquellen unterrichtet sind. Besonders hervorzuheben sind dabei Fruchtkasten und Kelter, Klosterküferei, Speisemeisterei, Gesindehaus, Klostermühle, Melkstall, Klosterbäckerei, Schmiede, Wagnerei sowie das ehemalige Gasthaus. Der Gesamtkomplex ist noch heute von einem Mauerring umschlossen, der mit Türmen besetzt ist. Hier hat sich auch das ursprüngliche Klostertor aus dem 13. Jahrhundert erhalten.

6. Aus der nachreformatorischen Zeit hat sich das bescheidene herzogliche Schloß erhalten, als wichtiges Zeugnis der gewandelten Verhältnisse, die den Landesherrn als neuen Besitzer zeigen.

Für die Kontinuität von besonderer Bedeutung war es, daß das Kloster als protestantisch ausgerichtete herzogliche Schule benutzt wurde. In ihr wurden zahlreiche bedeutende Persönlichkeiten des schwäbischen Geisteslebens erzogen, so daß dem Kloster im Nachmittelalter die Stellung einer Erinnerungsstätte an das schwäbische Geistesleben zuwuchs.

Insgesamt stellt Kloster Maulbronn ein einzigartiges Denkmal der monastischen Kultur Europas dar. War seine historische Bedeutung ursprünglich eher regional, so ist ihm durch den seltenen Glücksfall vollständiger Erhaltung der Rang eines europäischen Denkmals zugewachsen.

Dethard von Winterfeld

Abb. 99. Maulbronn, Klosterkirche, Blick gegen Westen.

Abb. 100. Maulbronn, Westflügel der Klausurgebäude, rechts die Westfront der Klosterkirche mit dem um 1210 davor errichteten Paradies.

Abb. 101. Maulbronn, ehem. Kameralamt (Finanzamt), erbaut 1742.

Stellungnahme von ICOMOS zum Eintragungsvorschlag Kloster Maulbronn (April 1990)

Zu Recht schlägt die Bundesrepublik Deutschland vor, Maulbronn als das am vollständigsten erhaltene Kloster des Zisterzienserordens nördlich der Alpen in die Liste des Welterbes einzureihen.

Maulbronn gehört zur Filiation von Morimond. 1138 hatte die Abtei Neuburg im Elsaß von dem Ritter Walter von Lomersheim, der Mönch geworden war, die Wälder von Lomersheim geschenkt bekommen. Als sich dieser Platz als ungeeignet für die Landwirtschaft erwies, nahm die kleine Gemeinschaft von zwölf Mönchen 1137 neue Ländereien im Salzachtal als Geschenk entgegen und gründete dort Maulbronn. Auf Grund und Boden des Bischofs von Speyer und nahe der nach Speyer führenden Römerstraße, in einem an Wasser, Stein und Holz reichen Talgrund gelegen, blühte das Kloster rasch auf. 1148 stellte Eugen III., der erste aus dem Zisterzienserorden kommende Papst, Maulbronn unter den Schutz des Heiligen Stuhls. 1176 wurde die Klosterkirche durch den Speyerer Bischof Arnold geweiht. Sie war ein für die erste Zeit der Zisterzienser charakteristisches Bauwerk, mit seinem zweigeschossigen romanischen Langhaus und seinem flach geschlossenen Chor, der vor ein Querschiff vorspringt, dessen beide Arme an der Ostseite je drei rechteckige Kapellen besitzen. Eine gleichzeitig mit dem Langhaus errichtete steinerne Schranke trennt den für die Konversen bestimmten Raum vom Chor der Mönche. Das 1424 unter der ursprünglichen Balkendecke eingezogene spätgotische Gewölbe hat die ursprünglichen Proportionen des Innenraums spürbar verändert, eines Raumes, der noch zu Lebzeiten des hl. Bernhard konzipiert worden ist und die romanischen Überlieferungen der Gegend um Hirsau den Forderungen der Zisterzienser nach Nüchternheit und Schmucklosigkeit anpaßte.

Die Historiker sind allgemein der Auffassung, daß die Fruchtbarmachung des Bodens den Mönchen von Maulbronn im 12. Jahrhundert zu nichts Anderem Zeit gelassen habe als dazu, die Kirche zu errichten. In der Tat stammen die meisten der großen Klostergebäude nördlich der Kirche aus der Zeit nach dem durch eine Inschrift am Keller überlieferten Jahr 1201. Die Kunsthistoriker haben zu Recht auf die Bedeutung hingewiesen, die der «Meister des Paradieses» – er bekam seinen Namen von dem Paradies, das er der romanischen Westfront der Kirche anfügte – für die Vermittlung der gotischen Konstruktionsprinzipien nach Deutschland besitzt: Der Einfluß der Vorbilder aus dem nördlichen Frankreich und aus Burgund macht sich nicht nur in Maulbronn (Paradies, Laienrefektorium, Herrenrefektorium, Südflügel des Kreuzgangs), sondern auch in Walkenried, Magdeburg und Halberstadt bemerkbar.

Die Errichtung der Klausurgebäude von Maulbronn zog sich durch das ganze 13. Jahrhundert hin und setzte sich noch im 14. Jahrhundert fort. Sie sind eines der treffendsten Beispiele für die Einteilung eines Zisterzienserklosters in Zonen, die jeweils Laien, Konversen und Mönchen vorbehalten sind. Einige von ihnen sind in besonderer Weise typisch für Zisterzienserarchitektur, etwa die Wärmestube (calefactorium) oder das Brunnenhaus (lavatorium, tonsorium), ein bewunderungswürdiger Achteckraum, der einen Schalenbrunnen umschließt.

Die im 13. Jahrhundert über rechteckigem Grundriß errichtete Ringmauer des Klosters schützte nicht nur die Klausurbauten sondern auch die Gebäude am westlich davon gelegenen Wirtschaftshof. Einige von ihnen besitzen noch die charakteristischen Merkmale des Mittelalters, so die um 1250 erbaute ehemalige Klostermühle oder der Melkstall von 1441. Die meisten

allerdings wurden umgebaut, nachdem Herzog Ulrich von Württemberg 1504 die Abtei eingenommen und sich 1534 der Reformation angeschlossen hatte: Fruchtkasten, Kelterhaus, Küferei, Wagnerei und Schmiede wurden damals wiederhergestellt, Speisemeisterei und Pfisterei (Bäckerei) neu errichtet. 1588 ließ Herzog Ludwig von Württemberg nordöstlich der Klausurbauten ein Sommer- und Jagdschloß errichten; seine Pferdeställe richtete er in einem ehemaligen Klostergebäude ein, das später, 1839, zum Rathaus der Stadt Maulbronn wurde.

In eine protestantische Schule umgewandelt, erwachte die Abtei zu neuem Leben und gewann ein Ansehen, das die Erinnerung an die Zisterzienser fast in den Schatten stellt: Kepler, Hölderlin, Hesse waren Schüler des Seminars und konnten sich nur schwer mit der strengen Ordnung, die dort herrschte, abfinden. Caroline Michaelis, die Schülerin der Madame de Staël, die während ihrer ersten Ehe mit Schlegel in Jena einen der großen literarischen Salons in Europa geführt hatte, vollendete ihr bewegtes Leben während eines Besuchs in Maulbronn, den sie in Gesellschaft ihres zweiten Mannes, des Philosophen Schelling, unternahm. Ein Obelisk aus rotem Sandstein vor der Südseite der Kirche erinnert an sie.

Nachdem ICOMOS die Aufnahme der Zisterzienserabteien von Fontenay (1981), Fountains (1986), Alcobaça (1989) und Poblet (1989 verschoben) in die Liste des Welterbes empfohlen hat, zögert es nicht im geringsten, auch für Maulbronn ein positives Votum abzugeben. Trotzdem wünscht ICOMOS, daß über die Aufnahme nicht entschieden wird, bevor nicht über die außergewöhnliche Umgebung dieser Zisterzienserabtei gesprochen worden ist.

Der von den verantwortlichen Stellen der Bundesrepublik übermittelte Eintragungsvorschlag bezieht sich nur auf das Gelände der Abtei innerhalb der Ringmauer, nördlich der Stuttgarter Straße, auf den Bereich also, den die französischen Kartographen des 18. Jahrhunderts als das «Schloß Maulbronn» bezeichneten und der sich aus den authentischen Konvent- und Wirtschaftsgebäuden des Mittelalters und der nachmittelalterlichen Zeit zusammensetzt. Das erhebliche Interesse, das diese Gebäude in ihrer Gesamtheit schon für sich alleine bieten, würde noch vermehrt durch einen zusätzlichen Vorschlag, der eine der schönsten Zisterzienserlandschaften, die sich erhalten haben, berücksichtigte.

Auch wenn der Vergleich zwischen den Karten des 19. Jahrhunderts und Plänen aus jüngster Zeit erkennen läßt, wieviel von dieser Landschaft infolge der sich ausdehnenden Siedlungsgebiete von Maulbronn und Zaisersweiher schon verloren gegangen ist, so finden sich doch auch im heutigen Kataster noch genügend viele Spuren des von den Zisterziensern urbar gemachten Landes, um die Erhaltung etwa der Lichtungen von Salzacker und Bubenbaum sinnvoll erscheinen zu lassen. Von großem Interesse sind in der Umgebung von Maulbronn vor allem die historischen Systeme zum Auffangen, Sammeln und Weiterleiten des Wassers, deren Bedeutung vor kurzem Wolfgang Seidenspinner in einem Aufsatz untersucht hat (Denkmalpflege in Baden-Württemberg XVIII, 1989, S. 181–191). Die meisten Teiche westlich des Klosterbezirks sind trockengelegt und für die Bebauung freigegeben worden. Umso dringender ist die Notwendigkeit, auf das Strengste die übrig gebliebenen Teiche und Kanalsysteme zu schützen, die ein außergewöhnliches Zeugnis von der Art der Bodenbewirtschaftung der Zisterzienser und von ihrem Können als Wasserbauingenieure ablegen.

Burgberg und Altstadt von Meißen

Aus dem Vorschlag des Instituts für Denkmalpflege (Juli 1989)

Umgrenzt von Elbe, Maisatalstraße, Am Lommatzscher Tor, Nossener Straße, Jüdenbergstraße, Görnische Straße und Straße der Befreiung, bilden der Burgberg Meißen, der benachbarte Afraberg und die zu ihren Füßen liegende Stadt eines der eindrucksvollsten Städtebilder in der Deutschen Demokratischen Republik. Die Stadt erschließt sich vom Brückenkopf an der Elbe her über die Willy-Anker-Straße zum Markt, der mit dem spätgotischen Rathaus und der gotischen Stadtkirche, der Frauenkirche, den Mittelpunkt der Altstadt mit ihren stattlichen Bürgerhäusern, zumeist dem 16.–17. Jahrhundert entstammend, bildet. Vom Markt führt die Burgstraße zum Burgberg, der über einen schmalen Hohlweg oder über Stufen von der Stadt aus erreicht werden kann. Historisch gesehen gliedert sich das Flächendenkmal in den Burgberg, das alte Suburbium zwischen Burgberg und Elbe, die von Gärten durchsetzte Afraische Freiheit mit ihren Ritterhöfen im westlichen Teil der Altstadt, die markgräfliche Stadt um den Marktplatz und dem burggräflichen Jahrmarkt im Bereich des heutigen Jahrmarktes.

Historisch gesehen stellt sich in den Bauten des Burgberges die Geschichte Obersachsens anschaulich dar. 928/29 durch den deutschen König Heinrich I. gegründet, wurde die Burg 968 Sitz eines von Kaiser Otto I. gegründeten Bistums und Mittelpunkt einer Markgrafschaft «Meißen», aus der sich im Verlauf des Mittelalters das Kurfürstentum Sachsen entwickelte. Im Mittelalter war das Burgplateau Zentrum dreier feudaler Herrschaften, des Markgrafen, des Bischofs und eines Burggrafen. Zu architektonischen Höhepunkten der deutschen Gotik gehören der zwischen 1265 und 1400 erbaute Dom mit seinen wertvollen Plastiken aus der Nachfolge des Naumburger Meisters und die 1471–1486 von Arnold von Westfalen errichtete Albrechtsburg. Ihre großartige spätgotische Architektur markiert die Wende vom Burgen- zum Schloßbau in Mitteleuropa. Beachtliche Leistungen der Spätgotik sind aber auch die Bischofsburg und die Dompropstei. In der Albrechtsburg war von 1710–1864 die weltberühmte Porzellanmanufaktur untergebracht. Die Restaurierung der Burg zwischen 1864 und 1881 gehört zu den großen Leistungen der Denkmalpflege des 19. Jahrhunderts. 1903–1907 wurde der Dom durch die Türme nach Plänen von Karl Schäfer vollendet.

Den südlich der Burg gelegenen Höhenzug bekrönt die Afrakirche, eine ehemalige Stiftskirche der Augustiner-Chorherren aus dem 13.–15. Jahrhundert. In dem benachbarten Kloster wurde 1543 die Fürstenschule eingerichtet, aus der berühmte deutsche Gelehrte hervorgegangen sind. Den Mittelpunkt der Altstadt mit ihren stattlichen Bürgerhäusern, die zumeist dem 16. bis 17. Jahrhundert entstammen, bildet der Markt mit der gotischen Stadtkirche, der Frauenkirche und dem spätgotischen Rathaus. Weiterhin ist die Franziskanerkirche aus dem 14. und 15. Jahrhundert, heute Stadtmuseum, von besonderer architekturgeschichtlicher Bedeutung. Elbabwärts ist unterhalb der Albrechtsburg die Ruine des Klosters zum Heiligen Kreuz, ein wertvoller Bau aus der Zeit um 1220/30, gelegen.

1864–1881 wurde die damals in ihrem Baubestand gefährdete Albrechtsburg durchgreifend instandgesetzt, erneut aus Anlaß der 500jährigen Wiederkehr des Baubeginns (1471) 1963–1970. Restaurierung der historischen Ausmalung und Ausstattung schrittweise seit 1965.

Beseitigung von Kriegsschäden an den Domdächern 1951–1954, 1967/69 Arbeiten am Kreuzgang, bis 1972 am Bibliotheksgebäude, Wiederherstellung der Fürstenkapelle seit 1974, des Westportals in seiner Originalpolychromie seit 1980.

Restaurierung der St. Afrakirche 1963–1976. Instandsetzungs- und Ausbauarbeiten für Nutzung durch LPG-Hochschule am ehem. St. Afra-Kloster schrittweise seit 1965.

Instandsetzungs- und Restaurierungsarbeiten an Bürgerhäusern, zum Beispiel Markt 9 (1971–1974), Rote Stufen 5 (1972), Markt 4, Marktapotheke (1986–1989), desweiteren Westseite Burgstraße 1980 1984, Fleischergasse ab 1984, Markt Süd- und Ostseite ab 1986.

Die Albrechtsburg befindet sich in einem befriedigenden Bauzustand. Instandsetzungsarbeiten an den Dächern und an den Decken des 3. Obergeschosses sind im Gange. Der Dom ist gefährdet durch nur notdürftig gesicherte Dächer und Rostsprengungen an den Türmen. Die übrigen Gebäude des Burgberges sind in befriedigendem Zustand. Die Frauen- und St. Afrakirche und das Rathaus sind in gutem Zustand, die ehemalige Franziskanerkirche (Stadtmuseum) erfährt gegenwärtig eine restauratorische Generalinstandsetzung.

Durch unterlassene Werterhaltung und Leerstehen sind 36 % der historischen Wohnbauten der Altstadt schwer gefährdet.

Literatur: Beschreibende Darstellung der älteren Bau- und Kunstdenkmäler in Sachsen, Heft 40: Meißen (Burgberg), bearbeitet von Cornelius Gurlitt, Dresden 1919. – Arndt Reichel, Meißen, Leipzig 1964. – Hans-Joachim Mrusek (Hrsg.), Die Albrechtsburg zu Meißen, Leipzig 1972. – Ursula Czeczet, Die Meißner Albrechtsburg, wegweisende Bauleistung an der Wende vom Mittelalter zur Neuzeit, Leipzig 1975. – Edgar Lehmann und Ernst Schubert, Der Dom zu Meißen, 2. Auflage, Berlin 1975. – Ernst-Heinrich Lemper, Der Dom zu Meißen, 7. Aufl. (Das Christliche Denkmal, 23/24), Berlin 1985.

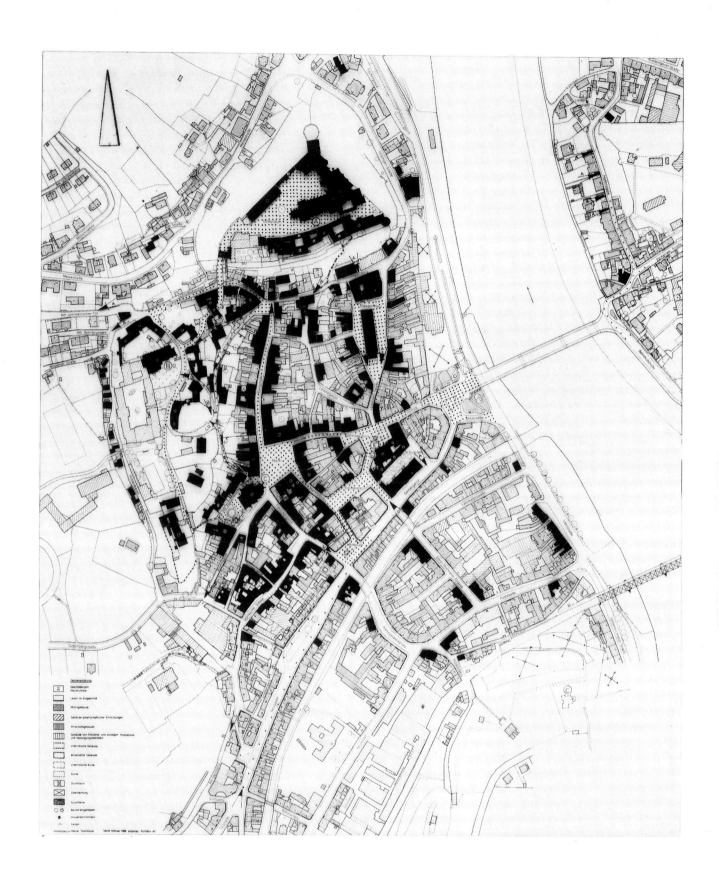

Abb. 102. Meißen, Denkmalkarte der Altstadt mit Eintragung der Denkmäler verschiedener Kategorie und der Denkmalschutzbereiche.

Abb. 103. Meißen, Stadtansicht von Südosten mit Albrechtsburg und Dom.

Abb. 104. Meißen, Luftbild von Südwesten.

Anhang

Liste des Kultur- und Naturerbes der Welt

Stand 1. Januar 1990

Ägypten

— Memphis und seine Totenstadt mit den Pyramidenfeldern von Giseh, Abusir, Sakkara und Dahschur
— Theben und seine Totenstadt
— Nubische Denkmäler von Abu Simbel bis Philae
— Islamisches Kairo
— Frühchristliche Ruinen von Abu Mena

Äthiopien

— Felsenkirchen von Lalibela
— Heilige Stadt Aksum
— Megalithische Steinsetzung von Tiya
— Paläste und Denkmäler von Fasil Ghebbi in der Region Gondar
— Nationalpark Simien
— Täler an den Unterläufen der Flüsse Awash und Omo

Algerien

— Bergfestung Beni Hammad
— Felsmalereien des Tassili n'Ajjer
— Tal von M'zab mit seinen fünf Städten
— Römische Ruinen von Djemila
— Ruinenfeld von Tipasa

Argentinien

— Jesuitenmission der Guarani: San Ignacio Mini, Santa Ana, Nuestra Senora de Loreto, Santa Maria Mayor
— Nationalpark Los Glaciares
— Nationalpark Iguazú

Australien

— Nationalpark Kakadu
— Großes Barriere-Riff
— Seengebiet von Willandra
— Nationalparks von West-Tasmanien
— Inselgruppe Lord Howe
— Regenwaldparks der Ostküste
— Nationalpark Uluru (Ayers Rock und Olga-Felsen)
— Nationalpark Wet Tropies in Queensland

Bangladesh

— Historische Moscheenstadt von Bagerhat
— Ruinen des buddhistischen Klosters von Paharpur

Benin

— Königspaläste von Abomey

Bolivien

— Potosi, Stadt und Silberminen

Brasilien

— Altstadt von Ouro Preto
— Altstadt von Olinda
— Jesuitenmission der Guarani: Ruinen von Saõ Miguel das Missoes
— Historisches Zentrum von Salvador da Bahia
— Heiligtum Guter Jesus von Congonhas
— Brasilia
— Nationalpark Iguaçu

Bulgarien

— Altstadt von Nessebar
— Kirche von Bojana (Sofia)
— Felsenkirchen von Ivanovo
— Thrakergrab von Swechtari
— Kloster Rila
— Thrakergrab von Kazanlak
— Felsenrelief des Reiters von Madara
— Naturschutzgebiet von Srebarna
— Nationalpark Pirin

Volksrepublik China

— Fundstelle des Peking-Menschen bei Zhoukoudian
— Mausoleum des ersten Kaisers von China, Qin Shi Huang
— Große Mauer
— Höhlen von Mogao
— Kaiserpaläste der Dynastien Ming und Qing in Peking
— Biosphärenreservat Sian Ka'an

Costa Rica

— Naturschutzgebiet Talamanca-Gebirge — La Amistad

Bundesrepublik Deutschland

— Dom zu Aachen
— Dom zu Speyer
— Residenz mit Gärten und Vorplatz in Würzburg
— Wallfahrtskirche Die Wies
— Schlösser Augustusburg und Falkenlust mit ihren Parks in Brühl
— Dom St. Maria und Michaeliskirche in Hildesheim
— Römerbauten (mit Igeler Säule), Dom und Liebfrauenkirche in Trier
— Altstadt von Lübeck

Ecuador

— Altstadt von Quito
— Galapagos-Inseln
— Nationalpark Sangay

Elfenbeinküste

— Nationalpark Comoé
— Nationalpark Tai
— Naturschutzgebiet Nimba-Berge

Frankreich

— Kathedrale von Chartres
— Vézelay, Abteikirche und Stadthügel
— Höhlenmalereien im Tal der Vézère
— Schloß und Park von Fontainebleau
— Schloß Chambord und sein Wald
— Kathedrale von Amiens
— Römische und romanische Denkmäler von Arles
— Amphitheater und Triumphbogen von Orange
— Zisterzienserabtei Fontenay
— Königliche Salinen von Arc-et-Senans
— Schloß und Park von Versailles
— Mont Saint Michel und seine Bucht
— Place Stanislas, Place de la Carrière und Place de l'Alliance in Nancy
— Romanische Kirche von Saint-Savin-sur-Gartempe
— Römischer Aquädukt Pont-du-Gard
— Historisches Zentrum von Straßburg (Grand'Ile)
— Kap Girolata, Kap Porto und Naturschutzgebiet von Scandola auf Korsika

Ghana

— Traditionelle Bauwerke der Aschanti
— Festungen und Schlösser der Kolonialzeit an der Volta-Mündung, in Accra, der Zentral- und Westregion

Griechenland

— Tempel des Apollon Epikurios in Bassai
— Apollon-Heiligtum von Delphi
— Akropolis in Athen
— Ruinen von Epidauros
— Ruinen von Olympia
— Frühchristliche und byzantinische Baudenkmäler in Saloniki
— Ruinenstadt Mistrá
— Meteora-Klöster
— Berg Athos
— Rhodos, mittelalterliche Stadt

Großbritannien

— Denkmäler der Megalithkultur in Stonehenge und Avebury
— Hadrianswall
— Burg und Kathedrale von Durham
— Burgen und befestigte Städte aus der Zeit König Edwards I. in Gwynned (Wales)
— Kathedrale, ehem. Abtei St. Augustin und Martinskirche in Canterbury
— Tower in London
— Königlicher Park von Studley mit den Ruinen der Zisterzienserabtei Fountains Abbey
— Schloß Blenheim
— Stadt Bath
— Industriedenkmäler im Tal von Ironbridge
— Giants Causeway («Straße der Riesen») und seine Küste in Nordirland

— Insel Henderson (Südsee)
— Inselgruppe St. Kilda (Hebriden)
— Westminster (Palast und Abtei) und Margaretenkirche in London

Guatemala

— Nationalpark Mayastadt Tikal
— Antigua Guatemala
— Archäologischer Park und Ruinen von Quiriguá

Guinea

— Naturschutzgebiet Nimba-Gebirge

Haiti

— Historischer Nationalpark: Zitadelle Henry, Schloß Sans Souci, Ruinen von Ramiers

Honduras

— Ruinen der Mayastadt Copán
— Biosphärenreservat Rio Plátano

Indien

— Felsentempel von Ajanta
— Höhlentempel von Ellora
— Fort von Agra
— Tadsch Mahal
— Ruinenstadt Fatehpur Sikri
— Sonnentempel von Konarak
— Denkmälergruppe von Mahabalipuram
— Ruinenstadt Hampi
— Denkmälergruppe von Khajuraho
— Denkmälergruppe von Pattadakal
— Höhlen von Elephanta bei Bombay
— Tempel von Brihadisvara bei Thanjavur
— Buddhistisches Heiligtum bei Sanchi
— Kirchen und Klöster von Goa
— Nationalpark Kaziranga
— Nationalpark Keoladeo
— Wildschutzgebiet Manas
— Nationalpark Sundarbans
— Nationalpark Nanda Devi

Irak

— Ruinen der Partherstadt Hatra

Iran

— Ruinen der Elamiterstadt Tschoga Zanbil
— Ruinen von Persepolis
— Königsplatz von Isfahan

Italien

— Felszeichnungen im Val Camonica
— Historisches Zentrum von Rom
— Historisches Zentrum von Florenz
— Venedig und seine Lagune
— Domplatz von Pisa
— Kirche und Dominikanerkonvent Santa Maria delle Grazie (mit Leonardos «Abendmahl») in Mailand

Arabische Republik Jemen

— Altstadt von Sana'a

Volksrepublik Jemen

— Altstadt von Shibam

Jordanien

— Ruinen der Nabatäerstadt Petra
— Wüstenschloß Qasr Amra

Jugoslawien

— Altstadt von Dubrovnik
— Mittelalterliche Stadt Stari Ras und Kloster Sopocani
— Historisches Zentrum von Split mit Diokletianspalast
— Kloster Studenica
— Bucht von Kotor
— Nationalpark Plitvicer Seen
— Nationalpark Durmitor
— Höhlen von Skocjan
— Ohrid und sein See

Kamerun

— Wildreservat Dja

Kanada

— Historischer Nationalpark (Wikingersiedlung) «L'anse aux Meadows»
— Historisches Zentrum von Quebec
— Nationalpark Nahanni
— Nationalpark Wood Buffalo
— National- und Provinzialparks Kanadische Rocky Mountains
— Provinzialpark der Dinosaurier
— Abgrund der zu Tode gestürzten Bisons
— Anthony Island (Siedlung der Haida-Indianer)
— Nationalpark Gros Morne

Kanada und Vereinigte Staaten von Amerika

— Nationalparks Kluana und Wrangell-Saint Elias in Alaska

Kolumbien

— Hafen, Befestigungen und Monumentalbauten von Cartagena

Kuba

— Altstadt und Festungsanlagen von La Havanna
— Stadt Trinidad und Zuckerfabriken im Valle de los Ingenios

Libanon

— Ruinen der Omeyaden-Stadt Anjar
— Ruinen von Baalbek
— Ruinen von Byblos
— Ruinen von Tyrus

Libyen

— Felsbilder von Tadrart Acacus
— Römische Ruinen von Cyrene
— Römische Ruinen von Leptis Magna
— Römische Ruinen von Sabratha
— Altstadt von Ghadames

Malawi

— Nationalpark Malawi-See

Mali

— Stadt und Ruinen von Djenné
— Moscheen, Mausoleen und Friedhöfe von Timbuktu
— Felsen von Bandiagara (Kultur der Dogons)

Malta

— Hypogäum (unterirdischer Kultraum) von Hal Saflieni
— Bronzezeitliche Tempel von Gigantija auf der Insel Gozo
— Stadt La Valetta

Marrokko

— Altstadt von Fez
— Altstadt von Marakesch
— Befestigte Stadt Aït-Ben-Haddou

Mauretanien

— Nationalpark Banc d'Arguin

Mexiko

— Ruinen von Chichen-Itza
— Ruinen von Teotihuacán
— Ruinen und Nationalpark von Palenque
— Historisches Zentrum von Mexiko und Xochimilco
— Historisches Zentrum von Oaxaca und Ruinen von Monte Alban
— Historisches Zentrum von Puebla
— Historisches Zentrum und Bergwerksanlagen von Guanajuato
— Biosphärenreservat Sian Ka'an

Nepal

— Tal von Kathmandu
— Nationalpark Sagarmatha (Mount Everest)
— Königlicher Nationalpark Chitwan

Neuseeland

— Nationalparks Westland und Mount Cook
— Nationalpark Fjordland

Norwegen

— Stabkirche vom Urnes
— Brücke (Hafenviertel) von Bergen
— Bergleutesiedlung Röros
— Felszeichnungen von Alta

Oman

— Festung Bat, bronzezeitliche Siedlung Al-Kut'm und Nekropole von Al-Ayn
— Festung Bahla

Pakistan

— Ruinenfelder von Moenjodaro
— Ruinenfelder von Taxila
— Ruinen des buddhistischen Klosters Takht-i-Bahi
— Islamische Ruinen und Necropolis von Thatta
— Festung und Shalimar-Gärten in Lahore

Panama

— Nationalpark Darien
— Festungen an der karibischen Küste: Portobello und San Lorenzo

Peru

— Ruinenstadt Machu Picchu
— Ruinenstadt Chavin de Huantar
— Ruinenstadt Chan Chan
— Stadt Cuzco
— Franziskanerkloster in Lima
— Nationalpark Huascaran
— Nationalpark Manú

Polen

— Altstadt von Krakau
— Salzbergwerk von Wieliczka
— Konzentrationslager Auschwitz
— Altstadt von Warschau
— Nationalpark Bialowieza

Portugal

— Hieronymitenkloster und Belem-Turm in Lissabon
— Kloster Batalha
— Kloster des Christus-Ordens in Tomar
— Zisterzienserkloster Alcobaça
— Historisches Zentrum von Evora
— Stadtzentrum von Angra do Heroísmo auf der Azoreninsel Terceira

Schweiz

— Kloster St. Gallen
— Benediktinerkloster St. Johannes in Müstair
— Altstadt von Bern

Senegal

— Insel Gorée bei Dakar
— Nationalpark Niokolo- Koba
— Nationales Vogelschutzgebiet Djoudj

Seychellen

— Atoll Aldabra
— Naturschutzgebiet Mai-Tal auf der Insel Praslin

Simbabwe

— Nationaldenkmal Ruinenstadt Groß-Simbabwe
— Nationaldenkmal Ruinen von Khami
— Nationalpark Mana Pools, Safari-Gebiete Sapi und Chewore
— Victoria-Fälle

Spanien

— Höhle von Altamira
— Romanische Kirchen im Königreich Asturien: Sta. Maria del Naranco, San Miguel de Lillo, Sta. Christina de Lena
— Moschee von Córdoba
— Alhambra und Generalife-Palast in Granada
— Kathedrale von Burgos
— Altstadt von Segovia mit Aquädukt
— Altstadt von Santiago de Compostela
— Altstadt und Kirchen außerhalb der Mauern von Avila
— Architektur im Mudéjar-Stil in Teruel
— Kathedrale, Alcazar und Archivo de Indias in Sevilla
— Altstadt von Toledo
— Altstadt von Salamanca
— Altstadt von Cacéres
— Escorial mit Umgebung
— Park Güell, Palais Güell und Casa Milà von Antonio Gaudi in Barcelona
— Nationalpark Garajonay auf der Kanareninsel La Gomera

Sri Lanka

Heilige Stadt Anuradhapura
— Ruinenstadt Polonnaruva
— Ruinenstadt Sigirija
— Heilige Stadt Kandy
— Altstadt und Festungswerk von Gallé
— Wald von Sinharaja

Syrien

— Ruinen von Palmyra
— Altstadt von Damaskus
— Ruinen von Bosra
— Altstadt von Aleppo

Tansania

— Ruinen von Kilwa Kisiwani
— Ruinen von Songo Mnara
— Nationalpark Serengeti
— Naturschutzgebiet Ngorongoro
— Wildreservat Selous
— Nationalpark Kilimandjaro

Türkei

— Ruinen der Hethiterstadt Hattusa
— Ruinen von Xanthos mit dem Tempelbezirk Lethoon
— Ruinen von Hierapolis (Pamukkale)
— Nationalpark Göreme und Felsenkirchen in Kappadozien
— Historische Bereiche von Istanbul
— Große Moschee und Spital von Divrigi
— Ruinenstadt Nemrut Dag

Tunesien

— Ruinen der Punierstadt Kerkuane
— Ruinen von Karthago
— Amphitheater von El-Djem
— Altstadt von Tunis
— Altstadt von Sousse
— Altstadt von Kairouan
— Nationalpark Ichkeul

Ungarn

— Donauufer und Burgviertel von Budapest
— Traditionelles Dorf Hollokö

Vatikan

— Vatikanstadt

Vereinigte Staaten von Amerika

— Unabhängigkeitshalle in Philadelphia
— Monticello (Wohnsitz von Thomas Jeffersons) und Universität von Virginia in Charlottesville
— Freiheitsstatue in New York
— Historischer Nationalpark Chaco
— Historisches Denkmal Cahokia-Hügel
— Festung und Altstadt von San Juan in Puerto Rico
— Nationalpark Everglades
— Nationalpark Grand Canyon
— Nationalpark Great Smoky Mountains
— Nationalpark Mammuthöhlen
— Nationalpark Mesa Verde

— Olympic Nationalpark
— Nationalpark Yellowstone
— Nationalpark Yosemite
— Nationalpark Hawai-Vulkane
— Nationalpark Redwood

Vereinigte Staaten von Amerika und Kanada

— Nationalpark Wrangell-Saint-Elias in Alaska und Nationalpark Kluana

Zaire

— Nationalpark Garamba
— Nationalpark Virunga
— Nationalpark Kahuzi-Biega
— Nationalpark Salonga

Zambia und Simbabwe

— Victoria-Fälle

Zentralafrikanische Republik

— Nationalpark Manovo-Gounda St. Floris

Zypern

— Ruinenstadt Paphos
— Bemalte Kirchen in der Region Tróodos

Auf Vorschlag von Jordanien

— Altstadt von Jerusalem

Richtlinien für die Durchführung der Konvention zum Schutz des Kultur- und Naturerbes der Welt (Auszug)

A. *Begriffsbestimmung, Ziele des Übereinkommens*

1. Das Kulturerbe und das Naturerbe zählen zu den unschätzbaren und unersetzlichen Besitztümern nicht nur eines jeden Volkes sondern der ganzen Menschheit. Geht eines dieser kostbarsten Besitztümer verloren oder verfällt es, so schmälert dies das Erbe aller Völker der Welt. Wegen ihrer hervorragenden Qualitäten kann man bestimmten Teilen dieses Erbes eine außergewöhnliche weltweite Bedeutung beimessen; sie verdienen es, auf besondere Weise gegen die wachsenden Gefahren, die sie bedrohen, geschützt zu werden.

2. In dem Bemühen, diese bedenkliche Lage zu bessern und in angemessener Weise die Erfassung, den Schutz, die Erhaltung und die Wiederherstellung dieses unersetzlichen Erbes der Welt zu sichern, haben die Mitgliedsstaaten der UNESCO 1972 das «Übereinkommen zum Schutz des Kultur- und Naturerbes der Welt» angenommen. Das Übereinkommen ergänzt, ohne mit ihnen zu konkurrieren, nationale Programme zum Schutz des Erbes und sieht die Errichtung eines «Komitees für das Erbe der Welt» und eines «Fonds für das Erbe der Welt» vor. Komitee und Fonds haben 1976 ihre Tätigkeit aufgenommen.

3. Das Komitee für das Erbe der Welt erfüllt drei Hauptaufgaben:
   — von den Vertragsstaaten vorgeschlagene Kultur- und Naturgüter von außergewöhnlicher weltweiter Bedeu-

tung, die nach Maßgabe des Übereinkommens geschützt werden sollen, zu erfassen und sie in die «Liste des Erbes der Welt» aufzunehmen;
— zu entscheiden, welche der in der Liste des Erbes der Welt geführten Güter in die «Liste des gefährdeten Erbes der Welt» aufgenommen werden sollen (nur solche Güter kommen dafür in Frage, deren Erhaltung umfangreiche Maßnahmen erfordert und für die aufgrund des Übereinkommens Unterstützung angefordert worden ist);
— zu bestimmen, in welcher Weise und unter welchen Bedingungen die Mittel des Fonds für das Erbe der Welt am vorteilhaftesten zur Unterstützung der Vertragsstaaten beim Schutz ihrer Güter von außergewöhnlicher weltweiter Bedeutung eingesetzt werden könne.

B. *Aufstellung der Liste des Kultur- und Naturerbes der Welt*

Das Komitee hat beschlossen, daß es sich bei der Aufstellung der Liste von den folgenden Grundsätzen leiten lassen will:

1. Das Übereinkommen sieht den Schutz der Kultur- und Naturgüter, denen außergewöhnliche weltweite Bedeutung beigemessen wird, vor.
2. Die Kriterien, die bei der Eintragung von Gütern in die Liste des Welterbes anzuwenden sind, werden vom Komitee so ausgewählt, daß sie ihm erlauben, völlig unabhängig den einem jeden dieser Güter eigenen Wert zu beurteilen, ohne dabei andere Erwägungen (etwa über die Notwendigkeit finanzieller Unterstützung) anzustellen.
3. Es soll darauf geachtet werden, daß in der Liste zwischen den Gütern des Kultur- und denen des Naturerbes kein Ungleichgewicht entsteht.
4. Kultur- und Naturgüter werden schrittweise in die Liste des Welterbes aufgenommen. Weder für die Gesamtzahl der in die Liste einzutragenden Güter noch für die Zahl der Güter, die ein Land vorschlagen kann, gibt es eine Grenze.
5. Hat sich der Zustand eines Gutes so verändert, daß es die kennzeichnenden Merkmale, die zu seiner Eintragung in die Liste geführt haben, verloren hat, so wird das Verfahren eingeleitet, in dem darüber entschieden wird, ob dieses Gut aus der Liste zu streichen ist.

C. *Kriterien für die Eintragung von Kulturgütern in die Liste des Welterbes*

Denkmäler, Gruppen von Denkmälern oder Denkmalbereiche, die zur Aufnahme in die Liste des Welterbes vorgeschlagen sind, gelten als von außergewöhnlicher weltweiter Bedeutung im Sinne des Übereinkommens, wenn das Komitee feststellt, daß sie einem oder mehreren der folgenden Kriterien und dem Anspruch der historischen Echtheit entsprechen. Jedes vorgeschlagene Kulturgut sollte

I. eine *einzigartige künstlerische Leistung*, ein Meisterwerk des schöpferischen Geistes darstellen; oder
II. einen längeren Zeitraum hindurch oder in einer bestimmten Kulturlandschaft *großen Einfluß auf die Entwicklung der Architektur,* der monumentalen Künste oder des Städtebaus sowie der Landschaftsgestaltung ausgeübt haben; oder
III. ein einzigartiges oder zumindest *außergewöhnliches Zeugnis einer untergegangenen Kultur* darstellen; oder
IV. ein hervorragendes *Beispiel eines Typus von Gebäuden* oder Gebäudegruppen darstellen, die einen bedeutsamen Abschnitt der Geschichte veranschaulichen; oder
V. ein hervorragendes *Beispiel einer überlieferten menschlichen Siedlungsform* darstellen, die für eine bestimmte Kultur typisch und unter dem Druck unaufhaltsamen Wandels vom Untergang bedroht ist; oder
VI. in unmittelbarer und anschaulicher Weise *mit Ereignissen, Ideen oder Glaubensbekenntnissen* von außergewöhnlicher weltweiter Bedeutung *verknüpft* sein (das Komitee ist der Ansicht, daß dieses Kriterium nur unter außergewöhnlichen Umständen oder in Verbindung mit anderen Kriterien die Aufnahme in die Liste rechtfertigen kann); *und*
— dem *Anspruch auf historische Echtheit* nach künstlerischer Gestaltung, Material, handwerklicher Ausführung und Gesamtzusammenhang genügen (das Komitee unterstreicht, daß Rekonstruktionen nur annehmbar sind, wenn sie sich auf eine vollständige und genaue Dokumentation des Originals stützen und nicht von Mutmaßungen ausgehen),
— über einen *rechtlichen Schutz* und ein Verfahren zur Ausübung desselben verfügen, die ausreichen, um die Erhaltung des vorgeschlagenen Kulturguts sicherzustellen.

SILENCE IS GOLDEN

WAS FÜR EINE STADT

AACHENER DOM

aachen

Speyer, die Dom- und Kaiserstadt am Rhein, kann 1990 auf 2000 Jahre wechselvoller Geschichte und eine reiche und bewegte Vergangenheit zurückblicken.

Schon für die keltische Zeit als Siedlungsplatz nachgewiesen, entstand um 10 v. Chr. zwischen bischöflichem Palais und dem heutigen Rathaus das erste römische Militärlager. Die sich entwickelnde Zivilsiedlung, zuerst «Noviomagus» dann «Civitas Nemetum» genannt, wuchs trotz mancherlei Zerstörungen zu einem regionalen Verwaltungsmittelpunkt, der seit dem 6. Jh. zunehmend als «Spira» in den Urkunden erwähnt wird.

Unter den salischen Kaisern (1024-1125) steigt Speyer zu einem der herrschaftlichen Zentren des Deutschen Reiches auf.

Sichtbares Zeichen dieser besonderen Stellung der Stadt wurde der majestätische Dom, der größte erhaltene und bedeutendste Kirchenbau der romanischen Epoche. Er beherrscht bis heute die Silhouette der Stadt.

Der um das Jahr 1030 unter Konrad II. begonnene Bau ist zugleich auch Grablege von acht Kaisern und Königen und vier Königinnen – darunter alle vier salischen Kaiser, Rudolf von Habsburg, Beatrix, Gemahlin Friedrich Barbarossas.

1111 verleiht der letzte Salier, Heinrich V., den Bürgern von Speyer grundlegende Freiheiten.

Seit 1294 zählt die Stadt zu den «Freien Reichsstädten» und erlebt in ihren Mauern 50 Reichstage, darunter auch die für das Abendland so bedeutenden Reformationsreichstage von 1526 und 1529, auf denen die endgültige Spaltung der römischen Kirche vollzogen wird.

Von 1527 bis 1688 beherbergt die Stadt darüber hinaus auch das oberste Gericht des Reiches, das sogenannte Reichskammergericht.

Im Pfälzischen Erbfolgekrieg wird Speyer 1689 auf Befehl des französischen Königs Ludwig XIV. niedergebrannt. Erst zehn Jahre später kann von den zurückkehrenden Bürgern mit dem Wiederaufbau begonnen werden. Im Gefolge der Französischen Revolution wird die Stadt 1797 Frankreich, dann 1816 Bayern zugeordnet und zum Regierungssitz für die Bayerische Pfalz erhoben.

Die seit 1946 kreisfreie Stadt gilt heute als ein modernes leistungsfähiges städtisches Mittelzentrum im Rhein-Neckar-Dreieck und als hervorragendes Beispiel für den selbstbewußten und zugleich traditionsgebundenen Umgang mit dem historischen Stadtkern.

ERLEBEN SIE EIN WELTKULTURGUT

Die „Königin der Hanse" ist UNESCO Weltkulturgut geworden. Eine internationale Auszeichnung, weil mächtige Backsteinkirchen, geschichtsträchtige Bürgerhäuser, malerische Gassen und Höfe so einzigartig erhalten sind. In Lübeck spüren Sie auf Schritt und Tritt Kulturgeschichte.

Zwischen Holstentor und Buddenbrookhaus lädt das Heute: zum Shopping mit Spaß und Qualität. Und gleich nebenan – eines der vielen Restaurants und Cafes.

Gute Unterhaltung heißt festliches Konzert und Rock-Spektakel, städtische Bühnen und Experimental-Theater. Die 10 Museen zeigen Exponate aus aller Welt.

Sie sehen, die Hansestadt Lübeck bietet Ihnen das unvergleichliche Ambiente: für einen Besuch, eine Tagung oder einen Kongress. Wir freuen uns auf Sie.

HANSESTADT LÜBECK

Wir informieren Sie gern: Amt für Lübeck-Werbung und Tourismus, Beckergrube 95, D-2400 Lübeck, Tel. 04 51/1 22 81 06

ICOMOS-HEFTE DES DEUTSCHEN NATIONALKOMITEES
bisher erschienen: